GARNIEREN UND VERZIEREN

MIT LUST UND LIEBE
GARNIEREN UND VERZIEREN

MARIANNE MÜLLER

ERIK PRATSCH

HUBERT KRIEG

FALKEN

Inhalt

Vorwort	5
Der Lebensmitteleinkauf	6
Fleisch, Geflügel und Wurstwaren	6
Fisch	7
Käse	7
Brot	7
Backwaren, Kuvertüre & Co.	7
Gemüse und Obst	8
Saisonkalender für Gemüse und Obst	9
Das Handwerkszeug	10
Messer, Schäler und Löffel	10
Ausstecher	11
Spezielle Geräte	12
Rund ums Geschirr	13
Materialien	13
Formen und Größen	15
Belegen von Platten	15
Das kalte Buffet	16
Buffetplanung und -aufbau	16
Gemüse und Pilze	20
Obst	50
Butter, Eier, Käse und Aspik	74
Gebäck	88
Canapés und Co.	96
Süße Garnituren und Tortenträume	104
Teller-, Platten- und Getränkedekorationen	126
Garnituren für besondere Anlässe	142
Register nach Lebensmitteln und Garniturarten	156
Rezeptverzeichnis	159

In diesem Buch verwendete Abkürzungen:

ca.	=	circa
cl	=	Zentiliter (10 ml = 1 cl, 100 cl = 1 l)
cm	=	Zentimeter
EL	=	Eßlöffel
g	=	Gramm
kg	=	Kilogramm
l	=	Liter
ml	=	Milliliter
Msp.	=	Messerspitze
TL	=	Teelöffel

Vorwort

Trotz aller Hast und Eile gibt es doch auch in der heutigen Zeit immer wieder ruhige Stunden, die wir zusammen mit der Familie, mit Freunden oder mit Bekannten verbringen können. Was eignet sich dann besser als ein gemeinsames Essen mit passenden Getränken?
Ob wir unsere Gäste dabei mit besonders schön verzierten Kleinigkeiten, mit einem liebevoll angerichteten Diner oder mit einem großen Buffet verwöhnen möchten, richtet sich ganz nach dem Anlaß der Feier. Bei all diesen Gelegenheiten sollten die angebotenen Köstlichkeiten durch attraktive Garnituren, die das Auge erfreuen und den Appetit wecken, in den Mittelpunkt gestellt werden.
Die Kunst des Garnierens hat im Verlauf der Geschichte verschiedene Wandlungen erfahren. Als nach der Französischen Revolution die ehemaligen Hofköche eigene Restaurants eröffneten, stieg bei der Bevölkerung das Interesse an gutem, attraktiv angerichtetem Essen. In Deutschland setzte diese Entwicklung erst in den Gründerjahren (1871 bis 1873) ein, als die ersten großen Hotels entstanden, in denen für wohlhabende Gäste aufwendige, beinahe pompöse Buffets aufgebaut wurden.
Heute sind die Garnituren bei uns einfacher geworden. Nur im Ausland, zum Beispiel in Israel und in Südamerika, findet man noch arbeitsaufwendige Garnituren und Buffetdekorationen. In China und in Japan hat sich das Garnieren sogar zu einer regelrechten Kunst entwickelt. Aber auch in anderen nichteuropäischen Ländern, in denen viele Gemüse- und Obstsorten heimisch sind, findet man die Liebe zur Dekoration von Speisen. In Europa stieg erst wieder im letzten Jahrzehnt das Interesse an schön gedeckten Tischen, guten Speisen und an der Tafelkultur im allgemeinen. Damit verbunden erwachte natürlich auch der Wunsch, Speisen liebevoll zuzubereiten und sie ansprechend zu garnieren.
Dieses Buch will all denen ein Helfer sein, die ihre Gäste nicht nur mit vorzüglichen Speisen, sondern auch mit deren optisch attraktiven Arrangements verwöhnen möchten. Im Einleitungsteil erfahren Sie, was Sie beim Lebensmittelkauf beachten sollten, welches Handwerkszeug Sie benötigen und auf welchem Geschirr Sie Ihre Speisen anrichten können. Abbildungen zeigen, wie Platten belegt werden und wie ein klassischer Buffetaufbau aussieht. Die Grundtechniken zur Herstellung von Garnituren werden Schritt für Schritt erklärt, so daß sich auch Ungeübte schnell in das Thema einarbeiten können.
Wir wünschen Ihnen viel Freude beim Garnieren und gutes Gelingen.

Marianne Müller

Erik Pratsch

Hubert Krieg

Der Lebensmitteleinkauf

Besonders bei großen Buffets werden viele Speisen, Garnituren und auch Platten bereits einige Tage vor dem Fest zubereitet, denn sonst kann sich der Gastgeber seinen Gästen später nicht gebührend widmen. Damit die Speisen die Lagerzeit ohne Probleme überstehen, ist es nötig, auf die Qualität der verwendeten Lebensmittel zu achten. Als oberstes Gebot gilt: Nur frische Ware von bester Qualität verwenden! Prüfen Sie daher immer das Angebot. Am besten ist es, die Ware in Fachgeschäften zu kaufen. Dort werden Sie gut beraten und können sich die Ware auch vorbereiten lassen, zum Beispiel den Fisch filetieren, den Rehrücken auslösen.

Fleisch, Geflügel und Wurstwaren

Die Qualität von Fleisch, Wild und Geflügel läßt sich recht gut mit den Augen beurteilen. Kalbfleisch sollte rosa aussehen und nicht zu fett sein. Rindfleisch dunkelrot und gleichmäßig marmoriert. Schweinefleisch eignet sich am besten, wenn es marmoriert ist, denn nur dann bleibt es beim Braten saftig und zart. Kaninchenfleisch sollte hellrosa, Reh- und Hirschfleisch dunkelrot aussehen. Die Farbe von Hasenfleisch ist, abhängig vom Lebensraum des Tieres, unterschiedlich, im allgemeinen aber dunkelrot. Bei Geflügel sollten Sie immer zu Frischware greifen. Gute Qualität hat neben dem Brustbein und den Keulen einen gleichmäßigen Fleischansatz.
Aufschnitt, Wurst und Schinken kauft man am besten bereits in Scheiben geschnitten. Diese sollten jedoch nicht zu dünn sein, sonst fallen sie nach längerem Liegen auf dem Buffet zusammen. Außerdem lassen sich dickere Scheiben besser formen.

Fisch

Auch hier empfiehlt es sich, zu Frischware zu greifen. In Fachgeschäften kann man sich ganze Fische auch gleich filetieren und abziehen lassen. Bei frischen Fischen sind die Augen klar, und die Kiemen haben eine rote Farbe. Die Haut sollte glänzen und das Fleisch fest sein.
Bei geräuchertem oder mariniertem Fisch erkennt man an der festen Konsistenz des Fleisches, daß die Ware frisch ist. Achten Sie darauf, daß die Stücke oder die Scheiben in etwa die gleiche Größe haben. Sie lassen sich so hübscher anrichten.

Käse

Von den vielen bei uns erhältlichen Käsesorten wird für Platten und Garnituren hauptsächlich Schnitt- und Weichkäse genommen. Frischkäse hingegen verwendet man meist zur Herstellung von Füllungen und Cremes. Er sollte möglichst rasch verbraucht werden und daher dementsprechend frisch sein. Bei den anderen genannten Käsesorten sind ein optimaler Reifegrad und die Verzehrtemperatur sehr wichtig. Ein guter Käse sollte zwar durchgereift sein, muß aber trotzdem noch eine feste Konsistenz besitzen. Weitere Informationen über Käse siehe Seite 76.

Brot

Aus den etwa 200 bei uns angebotenen Brotsorten können Sie die Sorten ganz nach Ihrem Geschmack und nach der Art des Buffets auswählen. Kaufen Sie das Brot immer erst am Tag des Verzehrs, dann hat es noch seine feste Kruste und seine weiche, lockere Krume. Bereits aufgeschnittenes Brot sollten Sie nicht verwenden.

Backwaren, Kuvertüre & Co.

Bei diesen kleineren Dingen, die man aber häufig zum Garnieren süßer Teile benötigt, empfiehlt sich immer der Kauf von Markenprodukten.
Kleine Tarteletts, die es sowohl süß als auch pikant gibt, lassen sich gut zum Füllen und zum Belegen verwenden. Man bekommt sie in Feinkostgeschäften. Kuvertüre und Marzipanrohmasse sind in der Regel in jedem gut sortierten Lebensmittelgeschäft erhältlich. Hier sollten Sie besonderen Wert auf gute Qualität legen, da beides in größeren Mengen für Garnituren oder Torten verwendet wird.
Fondantmasse, die man für Zuckerglasuren nimmt, kauft man am besten in der Konditorei. Falls Sie sie dort nicht bekommen, nehmen Sie für die Garnitur selbst hergestellte Zuckerglasur. Wie's geht, steht auf der Seite 116. Garniermasse, die häufig bei süßen und auch pikanten Garnituren Verwendung findet, erhält man, in Dosen verpackt, in Feinkostgeschäften. Zum Garnieren süßer Leckereien, wie zum Beispiel von Torten oder Petits fours, kann man eine Vielzahl kleiner, bereits fertiger Garniturteile verwenden. Selbstgemachte Verzierungen lassen zwar mehr Kreativität bei der Gestaltung zu; der Zeit- und Arbeitsaufwand für ihre Herstellung ist aber meist sehr hoch. Gehackte Nüsse und Mandeln, kandierte Früchte, Zuckerperlen, -streusel und -blumen sowie fertige Schokoladenverzierungen finden Sie heute bereits in gut sortierten Lebensmittelgeschäften. Mit Angelika (Engelwurz), kann man bei vielen Garnituren hübsche Farbakzente setzen. Die in Stangen angebotenen Angelika bekommt man entweder in Confiseriegeschäften oder in Konditoreien.

Gemüse und Obst

Gemüse zählt zu den für Garnituren am weitaus häufigsten verwendeten Lebensmitteln. Es sollte immer knackigfrisch, aber nicht zu hart sein. Wählen Sie möglichst gleich große Stücke aus, denn sie bieten auf Platten ein harmonischeres Bild als verschieden große. Weiche Gemüsearten, wie zum Beispiel Tomaten, dürfen keine Druckstellen aufweisen. Achten Sie aber auch darauf, daß das Gemüse gleichmäßig gewachsen und unbeschädigt ist. Aus der Gruppe der Salate sollten Sie Sorten mit festeren Blättern, zum Beispiel Radicchio, Frisée, Eisbergsalat und Endivie, bevorzugen. Sie bleiben auch nach längerem Liegen in der Wärme noch knackig und fallen nicht so schnell zusammen. Tips zu einzelnen Gemüsesorten finden Sie auf den Seiten 22 und 40, einen Saisonkalender rechts auf dieser Doppelseite.

Für Obst gelten die gleichen Qualitätskriterien wie für Gemüse: gleichmäßig gewachsene, gleichgroße Früchte ohne Druckstellen und Beschädigungen. Obst sollte in jedem Fall reif, aber nicht überreif sein und eine feste Konsistenz besitzen. Tips zu einzelnen Obstsorten finden Sie auf den Seiten 52 und 60, einen Saisonkalender rechts auf dieser Doppelseite.

Frisches Obst und Gemüse kann man heute (mit wenigen Ausnahmen) während des ganzen Jahres kaufen. Dennoch spielt die Jahreszeit, in der man das Obst oder Gemüse kauft, hinsichtlich des Preises, der Qualität und des Geschmacks eine wichtige Rolle.

Wenn Sie Gemüse oder Obst für Garnituren kaufen, dann können Sie es nach zwei verschiedenen Gesichtspunkten auswählen: Entweder nehmen Sie Obst und Gemüse, das zur gegebenen Zeit reichlich auf dem Markt vorhanden und deshalb preiswert ist, oder Sie nehmen die Obst- und Gemüsesorten, die gerade in dieser Zeit den besten Geschmack haben. Letzteres empfiehlt sich besonders für das noch junge Gemüse.

Im folgenden Saisonkalender finden Sie die Monate, in denen verschiedene Gemüse- und Obstarten am besten schmecken.

Saisonkalender für Gemüse und Obst

Gemüse und Salat

Artischocken	Mai – August
Auberginen	Juni – August
Blumenkohl	September – November
Bohnen, grün	Juli – August
Brokkoli	Juni – November
Champignons	ganzjährig (Zuchtpilze)
Chicorée	September – Januar
Endiviensalat	Mai – Juni
Erbsen, grün	Mai – Juni
Feldsalat	Oktober – November
Gurken	Juni – August
Karotten	Juni – November
Kartoffeln	Juni – September
Kohlrabi	Mai – Juli
Kürbis	Juli – Oktober
Lauch	August – November
Meerrettich	November – Februar
Paprikaschoten	Juni – November
Radieschen	Februar – April
Rettich	April – Oktober
Rote Bete	September – November
Sellerie (Knollen)	Oktober – Januar
Spargel	April – Juni
Staudensellerie (Bleichsellerie)	Mai – September
Tomaten	August – Oktober
Trüffeln	Dezember – Januar
Zucchini	Mai – Juli
Zwiebeln	Juni – August

Obst

Äpfel	September – Dezember
Birnen	August – Oktober
Brombeeren	Juli – August
Datteln	August – September
Erdbeeren	Mai – Juni
Feigen	Juli – August
Heidelbeeren	Juli – September
Himbeeren	Juni – August
Johannisbeeren	Juni – Juli
Kastanien	September – November
Kirschen	Mai – Juni
Mandarinen	Dezember – März
Melonen	Juni – September
Pfirsiche	Juli – August
Pflaumen	August – Oktober
Preiselbeeren	September
Rhabarber	März – Mai
Weintrauben	September – Oktober
Zitrusfrüchte (Orangen und Zitronen)	Dezember – März
Exotische Früchte	meist ganzjährig, die Qualität differiert je nach Herkunftsland und Jahreszeit

Das Handwerkszeug

Neben den Lebensmitteln, die sowohl im Geschmack als auch in der Qualität höchsten Ansprüchen gerecht werden müssen, spielt das richtige Handwerkszeug bei der Herstellung von Garnituren eine wichtige Rolle. Einige Geräte sind schon in fast jedem Haushalt vorhanden, wie zum Beispiel diverse Töpfe, Schüsseln und Schälchen, eine Schere, Siebe, Vierkantreibe, Gemüsehobel, Kuchenpinsel und verschiedene Schneidebretter. Für manche Garnituren beziehungsweise für verschiedene Herstellungstechniken benötigt man darüber hinaus aber spezielle Geräte, die im folgenden vorgestellt werden. Sie sind in gut sortierten Haushaltsgeschäften erhältlich.

Messer, Schäler und Löffel

Diverse Messer haben Sie sicher bereits. Falls Sie jedoch ein neues dazu kaufen möchten, legen Sie großen Wert darauf, daß die Messer aus rostfreiem, gehärtetem Stahl geschmiedet sind. Der Griff muß gut in der Hand liegen und kann aus Kunststoff oder aus Holz sein. Bei Schälern sollten Sie darauf achten, daß sie aus rostfreiem Stahl sind, andernfalls rosten sie sehr schnell und werden stumpf. Sowohl kleine als auch große Löffel sind sicher schon vorhanden; nehmen Sie zum Bearbeiten von Lebensmitteln aber nie Silberlöffel, denn sie verfärben manchmal das Obst oder Gemüse. Auch Plastiklöffel sind wenig geeignet, da sie leicht brechen.

Schlagmesser (1) zum Zerteilen großer Früchte, zum Beispiel einer Ananas oder eines Kürbisses

Küchenmesser oder kleines Schlagmesser (2) zum Schneiden von Gurken und Zucchini, zum Zerteilen von Zitrusfrüchten, zum Schälen größerer Früchte, zum Schneiden von Wurzel-, Frucht- und Knollengemüse, zum Schneiden von Kuvertüre

Officemesser (3) zum Schälen von Wurzel- und Knollengemüse, zum Putzen von Gemüse, zum Aushöhlen von Paprikaschoten, zum Schälen von Orangen, für Zierschnitte an Obst und Gemüse

Buntmesser (4) für Dekorationsschnitte (Wellenschnitte), zum Beispiel an Karotten, Salatgurken, Butter und Käse

Kanneliermesser (5) zum Abziehen von Schalen- oder Fruchtfleischstreifen, zum Beispiel von Gurken, Zitrusfrüchten, Radieschen und Möhren

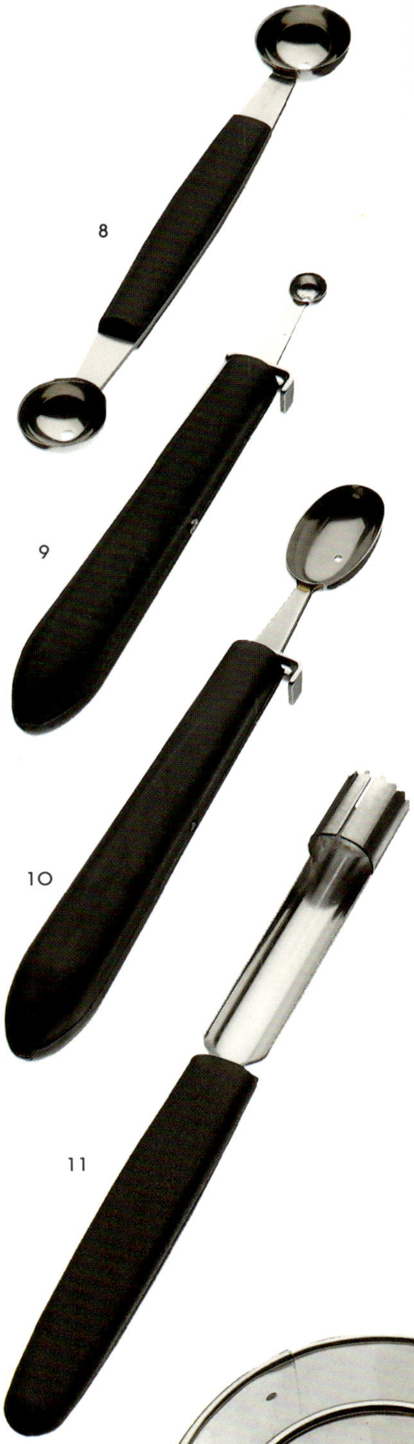

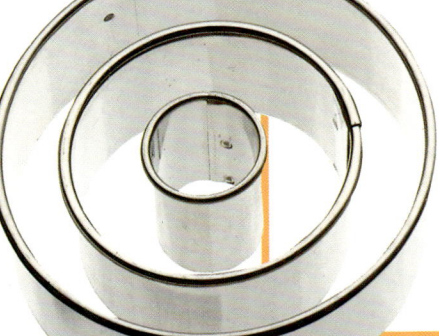

Grapefruitmesser (6) zum Herauslösen des Fruchtfleisches aus Grapefruit- oder aus Ananashälften sowie zum Abschneiden des Fruchtfleisches von der Schale bei Melonenspalten

Sparschäler (7) zum Schälen von Spargel und Staudensellerie, aber auch zum Schälen von Kernobst, Kartoffeln, Kiwis und Avocados

Kaffeelöffel zum Herauslösen der Kerne aus einer Melonenhälfte, zum Entfernen des „Heus" von Artischockenböden, zum Herauslösen der Kerne aus einer Tomatenhälfte

Eßlöffel zum Herauslösen des Fruchtfleisches aus einer Ananashälfte, zum Füllen von Gemüsebechern

Ausstecher

In diese Gruppe gehören alle Geräte, die die Form von Lebensmitteln oder Lebensmittelstücken verändern. Mit Hilfe von Ausstechern lassen sich zum Beispiel Kerngehäuse ausstechen, gleichmäßige Fruchtfleischkugeln herauslösen oder Formen, wie Herzen oder Blumen, ausstechen. Man erhält sie in Haushaltsfachgeschäften oder in Haushaltsabteilungen großer Kaufhäuser.

Kugelausstecher (8) zum Herauslösen größerer Kugeln oder Halbkugeln, zum Beispiel aus Melone, Karotten, Gurken, Kürbis und Butter, zum Aushöhlen einer Kirschtomate

Perlausstecher (9) zum Herauslösen von winzigen Kugeln, zum Beispiel aus Karotten, Gurken, Melone und Sellerie

Olivenausstecher (10) zum Herauslösen von ovalen Stücken aus Gemüse

Apfelausstecher (11) zum Ausstechen des Kerngehäuses aus ganzen Äpfeln, zur Herstellung von Kartoffelpilzen

Runde Ausstecher mit glattem oder gewelltem Rand (12): Kleine, glatte Ausstecher zum Ausstechen des Strunks aus Ananasscheiben oder des Kerngehäuses aus Apfelscheiben. Große, glatte oder gewellte Ausstecher zum Entfernen von Schalen an Obstscheiben, wie Apfel und Ananas, zum Ausstechen des Fruchtfleischs aus Zitrusfruchtscheiben, zum Ausstechen von Kreisen aus Brot- oder Butterscheiben

Kleine Formausstecher (13) zum Ausstechen von kleinen Motiven aus Knollen- und Wurzelgemüsescheiben, Paprikaschoten, gekochtem Eiweiß, Aspik, Butter, Marzipan oder Kuvertüre

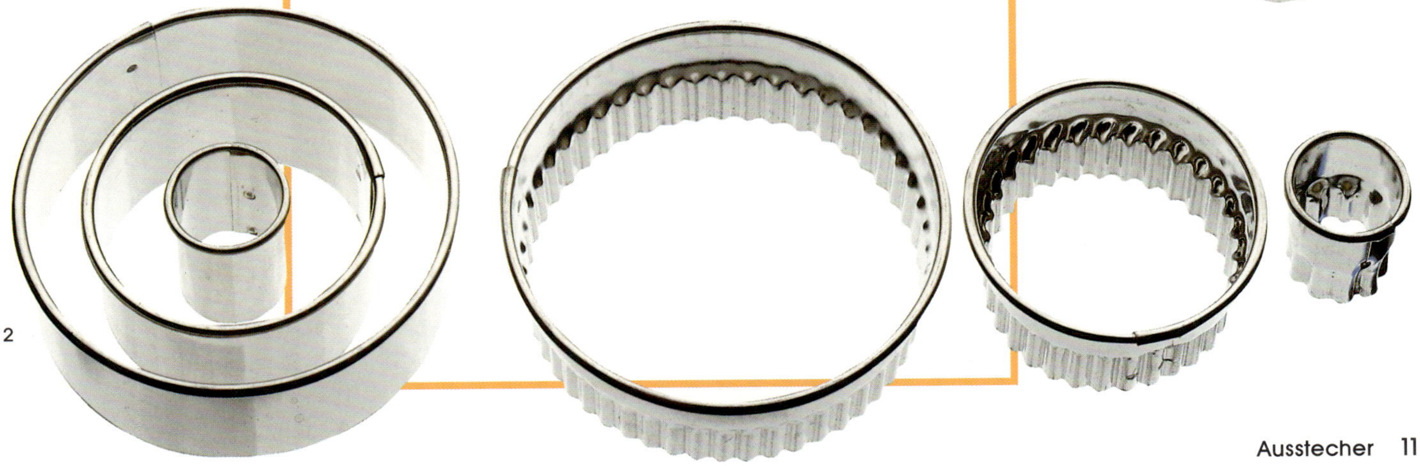

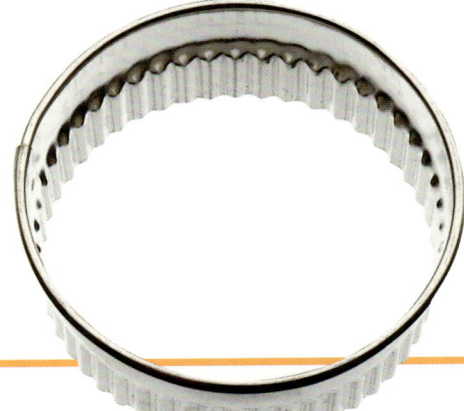

Spezielle Geräte

Hier finden sich recht unterschiedliche Geräte, die man meist nur für wenige Garnituren, Lebensmittel oder Herstellungstechniken benötigt.

Eischeibenschneider (1) zum Zerteilen eines Eis in feine Scheiben (rund oder oval) und zur Herstellung von kleinen Eiwürfeln

Eisechstelschneider (2) zum Zerteilen eines Eis in Sechstel

Apfelteiler (3) zum Zerteilen eines Apfels in gleichmäßige Spalten, wobei das Kerngehäuse gleich mit ausgestochen wird

Spritzbeutel (4) mit diversen Tüllen zum Herstellen von Garnituren aus verschiedenen Massen, wie zum Beispiel aus Brandteig, aus Buttercreme oder Sahne, aus Butter (Butterrose) oder aus diversen Cremes. Je nach Art der Tülle erhält man unterschiedliche Formen:

Lochtülle (5) für glatte Formen, **Sterntülle** (6) für gewellte Formen und **Flachtülle** (7) für breite Streifen, zum Beispiel für eine Butterrose

Girolle (8) zur Herstellung von kleinen „Blüten" aus feinabgehobeltem Käse

Modeln (9) für Buttergarnituren

Butterschneidegerät (10) mit verschiedenen Funktionen, zum Beispiel zum Schneiden von Butter, zum Herauslösen von Kugeln und zum Herstellen von Butterröllchen

Rettichschneider (11) zum Herstellen großer Spiralen aus Rettichen oder Zucchini

diverse **Metallspatel** und **Modellierhölzer** (12) mit verschiedenen Mustern zum Modellieren von Marzipanfiguren

Spezialhobel, zum Beispiel für sehr feine Gemüsestreifen, gibt es meist in gut sortierten Fachgeschäften zu kaufen

Rund ums Geschirr

Wer für einen kleinen Personenkreis ein Essen plant, hat es bei der Planung der Geschirrmenge leicht. Man rechnet pro Gast für jeden Gang einen Teller mit dazugehörigem Besteck. Ebenso sollte pro Gast für jede angebotene Getränkeart ein passendes Glas bereitstehen.
Bei einem Buffet wird die Planung schon etwas schwieriger. Erfahrungsgemäß sollte man aber pro Gast drei Teller und einen Dessertteller sowie die entsprechende Anzahl des dazugehörigen Bestecks bereitstellen. Bei den Gläsern genügt pro Gast für jede Getränkeart ein Glas. Neben dem Eßbesteck benötigt man beim Buffet auch noch verschiedene Vorlegebestecke. Man nimmt für Salate ein Salatbesteck oder Löffel und Gabel, für Fleisch- oder Fischplatten Löffel und Gabel, für Platten mit Fleisch oder Wurstaufschnitt eine Fleischgabel, für Saucen einen Saucen- oder einen großen Eßlöffel, für portionierten Käse eine Gabel und für unportionierten Käse ein Käsemesser.

Materialien

Platten, Teller, Schüsseln und ähnliches sollten immer aus lebensmittelfreundlichem beziehungsweise lebensmitteltauglichem Material sein. Dies ist der Fall, wenn die Oberfläche glatt und leicht zu reinigen ist. Im einzelnen kommen folgende Materialien in Betracht:
Metall: Silber- und Chromarganplatten werden zum Schützen der Oberfläche meist dünn mit Aspik ausgegossen (Seite 87). Möchte man Fisch oder Eierspeisen auf Silber anrichten, ist ein Aspikspiegel unerläßlich, denn diese Lebensmittel verfärben das Silber, und ihr Geschmack verändert sich durch den direkten Kontakt mit dem Edelmetall. Neben Silber- und Chromargangeschirr werden auch gerne Kupfertöpfe und -pfannen verwendet.
Holz: Holzgeschirr, wie Teller, Schalen, Platten oder Bretter, sollte in bearbeiteter Form (geschliffen, poliert und lackiert) verwendet werden.
Korbgeflecht: Naturbelassene oder farbig lackierte Körbe gibt es in vielen Größen und Formen. Verwendet werden sie in der Regel für Brötchen und Brot sowie für Obst.

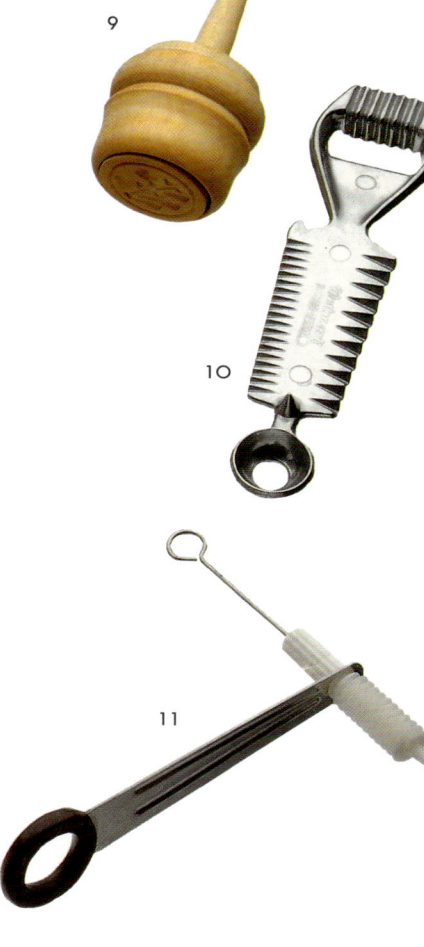

Stein: Hier ist Marmorgeschirr das beliebteste, denn es schafft auf jedem Buffet eine festliche Atmosphäre. Steingeschirr ist meist geschliffen und poliert, wird manchmal aber auch in naturbelassener Form verwendet.

Porzellan, Steingut und Keramik: Hart- und Weichporzellan ist zum Anrichten gleichermaßen geeignet. Es wird in vielen Formen und mit den unterschiedlichsten Motiven angeboten und ist in der Regel sehr hell. Aber auch das stärker gefärbte Frittenporzellan, das eigentlich aus Glasschmelze besteht, findet Verwendung. Steingutgeschirr und Keramik ist meist bunter als Porzellan und hat häufig farbenfreudige Motive.

Glas: Geschirr aus Glas und Kristallglas gibt es in vielen Ausstattungen (zum Beispiel als Platten, Teller, Schalen, Schüsseln und auch Gläser) sowie auch in verschiedenen Farben.

Bei der Auswahl des richtigen Geschirrmaterials sollte man sich am Charakter der Speisen, aber auch am Charakter des Buffets orientieren. Zu viele verschiedene Farben stören das Gesamtbild eines Buffets, und auffällige Ornamente oder Muster auf dem Geschirr mindern die Wirkung der angerichteten Speisen. Am besten ist es, wenn Farben und Formen sowie das Material des Geschirrs zu den Speisen passen, und wenn die übrige Dekoration auf dem Buffet es harmonisch ergänzt. Für deftige Speisen kann man getrost rustikales Geschirr aus Holz, Stein, Steingut und Keramik verwenden, wobei es auch farbenfroh sein darf. Bei einem festlichen Buffet hingegen sollte man sich, mit wenigen Ausnahmen, auf Silbergeschirr und auf weißes Geschirr beschränken.

Geradlinige Anrichteweise mit rechtwinkligem Aufbau

Geradlinige Anrichteweise auf „Luke"

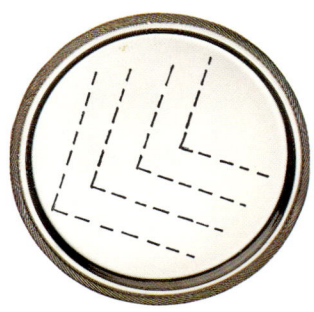

V-förmige Anrichteweise

Formen und Größen

Die Form und die Größe des Anrichtegeschirrs ist abhängig von der Art und der Menge der darauf anzurichtenden Speisen. So sollte das Geschirr immer ausreichend Platz für die Speisen bieten, denn eine zu üppig belegte Platte wirkt überladen und unattraktiv.
Man findet heute fast unendlich viele verschiedene Geschirrformen und -größen:
Vorspeiseteller haben meist einen Durchmesser von 20 bis 24 cm. Sie gibt es rund und viereckig, aber auch drei- oder sechseckig.
Normale Eßteller mit Durchmessern zwischen 26 und 32 cm werden in den gleichen Formen angeboten.
Große Eßteller und diverse sehr flache **Platzteller** haben in der Regel einen Durchmesser von 32 bis 36 cm und sind meist rund.
Schüsseln gibt es mit sehr unterschiedlichem Fassungsvermögen. Die Formen sind in der Regel rund, oval, viereckig oder dreieckig.
Kokotten und **Saucieren** werden ebenfalls in unterschiedlichen Größen und Formen angeboten.
Anrichteplatten sollten nie zu klein sein. Es gibt sie rund, oval, quadratisch und rechteckig. Silberplatten dürfen nicht zu groß gewählt werden, da sie sonst zu schwer sind. Sie werden meist in klassischen Ausstattungen und mit oder ohne Griffe angeboten.

Belegen von Platten

Wie man die Platten belegt, richtet sich meist nach den verwendeten Speisen und Lebensmitteln, aber auch nach der Plattenform. Folgendes sollten Sie jedoch zusätzlich noch beachten:
– Auf Platten sollen nur Lebensmittel Verwendung finden, denn alles muß eßbar sein. Papier, Bänder und ähnliches bleiben also weg.
– Die Garnituren müssen auf die Hauptspeise abgestimmt sein, denn man soll beides miteinander verzehren können.
– Insbesondere bei einer kleineren Anzahl von Gästen sollte auf jeder Platte für jeden Gast ein Stück eines Gerichtes vorhanden sein. Bei sechs Personen wären dies zum Beispiel sechs gefüllte Eier, sechs Tomatenkörbchen und sechs Bratenscheiben.
Auf dieser Seite finden Sie verschiedene Vorschläge zum Belegen von Platten, die Ihnen Hilfestellung bieten sollen. Die vorgestellten Anrichtearten können Sie dabei sowohl für runde und ovale als auch für rechteckige Platten einsetzen.

Symmetrische Anrichteweise mit Blickfang in der Mitte

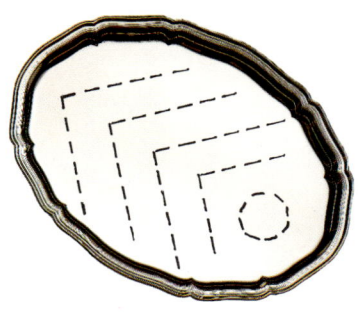

Asymmetrische, V-förmige Anrichteweise mit Blickfang in einer Ecke

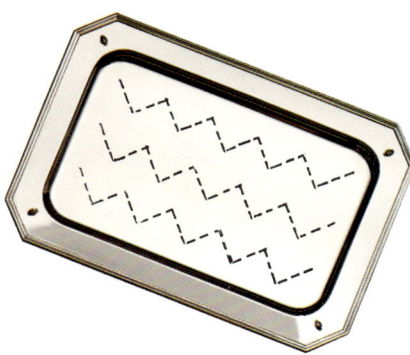

Anrichteweise im Fischgrätenmuster

Das kalte Buffet

Buffetplanung und -aufbau

Für die Planung und den Aufbau eines kalten Buffets ist es wichtig zu wissen, wie viele Gäste erwartet werden, denn nach deren Anzahl wird die Menge der benötigten Gläser, Servietten, Bestecke und Teller festgelegt. Die Anzahl der Gäste ist zusätzlich auch maßgebend für die Menge der angebotenen Speisen und damit auch für die Anzahl der Schalen, Schüsseln und Platten. Der benötigte Platzbedarf für das Buffet ist natürlich von all den darauf anzurichtenden Dingen abhängig. Ein Buffet muß immer reichlich Platz bieten, damit die Speisen gut zur Geltung kommen und die Gäste sich problemlos bedienen können. Deshalb baut man für eine große Gästezahl meist mehrere gleichartige Buffets auf. Bei ganz großen Anlässen verteilt man diese sogar auf verschiedene Räume.
An welcher Stelle ein Buffet aufgestellt wird, hängt vom vorhandenen Raum ab. Ist wenig Platz vorhanden, ist ein Buffet an der Wand am geeignetsten. Besser begehbar, dafür aber raumeinnehmender, ist ein Buffet in der Zimmermitte. Je nach Größe des Raumes und des Buffets können die Tische auch im Winkel oder in U-Form (siehe Zeichnung rechts) aufgestellt werden.
Am schönsten wirkt ein Buffet, wenn es noch genügend Platz für eine hübsche Dekoration (zum Beispiel ein Blumenbouquet) bietet. Dieses kann auf dem Buffet entweder symmetrisch oder asymmetrisch angeordnet sein. Bei einem Buffet an der Wand bietet sich das der Wand zugewandte Stück der Mitte als Platz für eine üppige Dekoration an. Man kann sie aber auch asymmetrisch am hinteren Ende aufbauen. Am vorderen Ende des Buffets sollte man auf allzu üppige Dekoration verzichten, denn dort haben Servietten und Eßgeschirr ihren Platz, soweit die Tische nicht damit eingedeckt sind. Dekorationen lassen sich aber auch als Trennungselement, zum Beispiel zwischen Hauptgang und Dessert, einsetzen. Eines sollten Sie noch beachten: Ausgefallene Dekorationen, wie Wagenräder oder Jagdaccessoires, müssen in der deutschen Gastronomie immer auf vom Buffet abgetrennten Tischen arrangiert werden, da sie nicht mit den Speisen in Berührung kommen dürfen.
Eine optisch attraktive Wirkung läßt sich erzielen, wenn die Speisen auf dem Buffet in mehreren Ebenen präsentiert werden. So kommt „Bewegung" in das Gesamtbild, und man spart Platz. Zum Aufbauen verschieden hoher Ebenen nimmt man am besten diverse Kästen, die man entweder verkleidet oder mit einer großen Tischdecke verhüllt. Wichtig ist, daß die Platten darauf gut stehen, so daß jedem Gast ein problemloses Zugreifen möglich ist.

Buffetaufbau in U-Form

Schmuckplatte oder besondere Fisch- oder Fleischplatte	1
wahlweise Fisch- oder Fleischplatten oder zwei davon für warmes Gericht auf Rechauds	2 3 4 5
Salatschüsseln	6
wahlweise Käse oder Süßspeisen, auch beides möglich	7 8 9
Butterteller	10
Brotauswahl	11

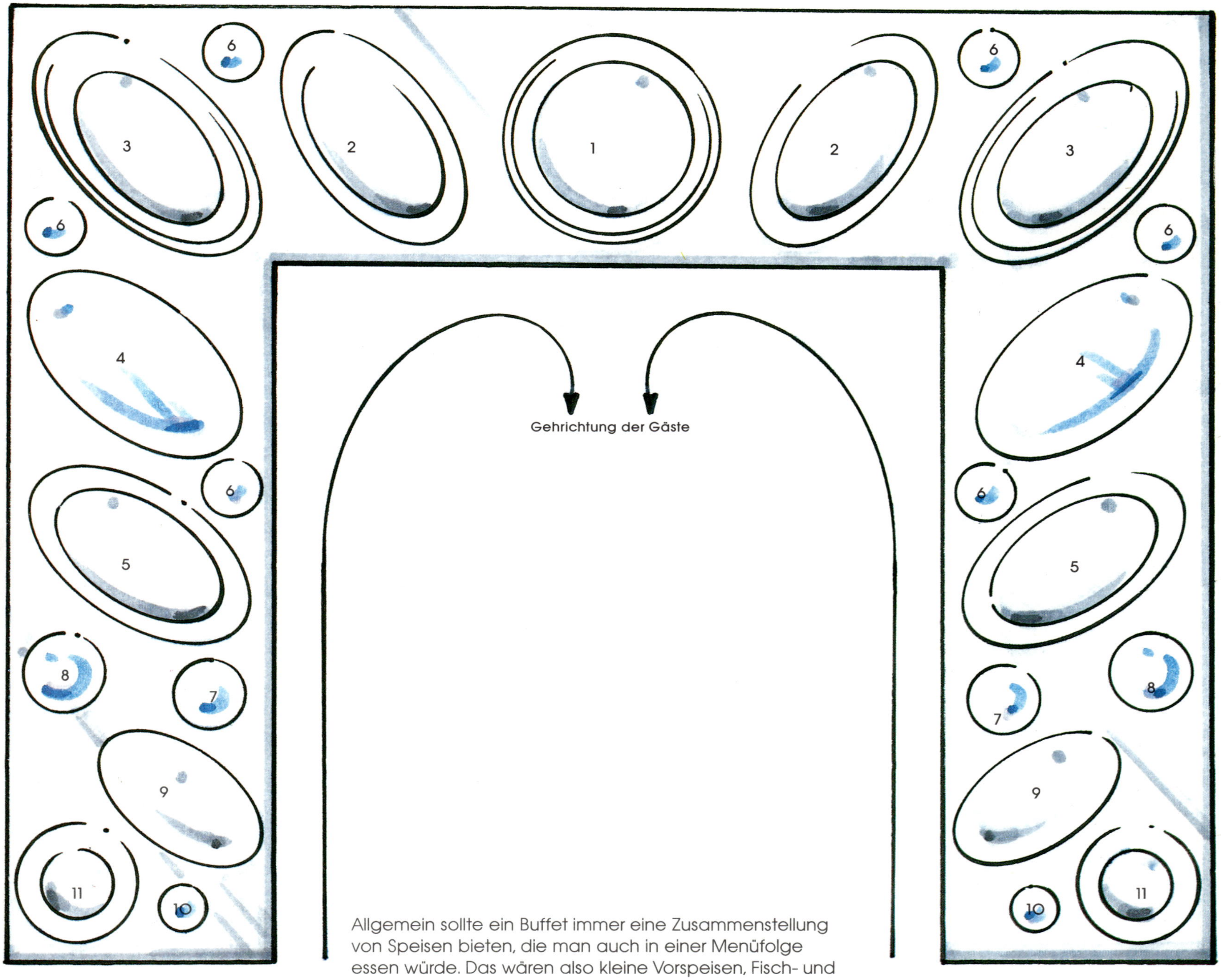

Gehrichtung der Gäste

Allgemein sollte ein Buffet immer eine Zusammenstellung von Speisen bieten, die man auch in einer Menüfolge essen würde. Das wären also kleine Vorspeisen, Fisch- und Fleischgerichte mit passenden Saucen, Salate, Brot und Butter sowie Käse und Desserts.

Man sollte sich überlegen, welchen Charakter das Buffet haben soll. Auf ein festliches Buffet gehört all das, was die „gute Küche" zu bieten hat. Die Speisenauswahl wird dabei vom Geld bestimmt, das der Gastgeber anlegen will. So findet man in der oberen Preisklasse neben Filet, Edelfisch, Räucherlachs und Stör auch Hummer und Kaviar sowie Terrinen und Pasteten.

Bei rustikalen Buffets serviert man in der Regel Salate, Braten sowie Räucher- und Wurstwaren. Hier bietet sich die Möglichkeit, das Buffet unter ein Leitthema zu stellen, wie zum Beispiel „Berliner Buffet", „Pfälzer Buffet" oder „Bayrisches Buffet". Egal, für welchen Buffetcharakter Sie sich entscheiden, wichtig ist, daß Speisenzusammenstellung, Geschirr und Dekoration im Stil zusammenpassen.

Beistelltisch für Geschirr, Besteck und Servietten

Beistelltisch für Geschirr, Besteck und Servietten

Buffetplanung und -aufbau 17

GEMÜSE UND PILZE

Frucht- und Sprossengemüse

Artischocke

Sie wächst an distelähnlichen Stauden und stammt ursprünglich aus dem Mittelmeerraum. Artischocken haben grüne bis violettfarbene Blütenblätter, sind 7 bis 13 cm groß und wiegen zwischen 150 und 500 g. Das Gemüse hält sich zwei bis drei Wochen im Kühlschrank frisch. Man sollte es dann aber mit Folie abdecken, damit es nicht austrocknet. Der wertvollste Teil des Gemüses ist der fleischige Boden, der sich hervorragend zum Füllen oder Belegen eignet. Bei uns werden Artischocken in der Regel gekocht gegessen. Achtung, sie niemals in Aluminiumtöpfen kochen, sonst werden sie schwarz.

Aubergine

Die der Tomate verwandte Frucht eines Nachtschattengewächses kommt aus den Tropen und Subtropen und wird auch Eierfrucht genannt. Auberginen werden bis zu 30 cm groß und bis zu 1 kg schwer. Ihr Fruchtfleisch ist schwammig, hell bis weißlich und schmeckt im Rohzustand nicht besonders gut. Erst beim Garen entfaltet sich der typische Geschmack der Auberginen. Die Früchte sind reif, wenn die Schale auf Fingerdruck leicht nachgibt. Im Kühlschrank sind sie etwa zehn Tage bei 8 bis 10° C lagerfähig. Für Garnituren verwendet man nur rohe Auberginen, die gefüllt werden oder als Träger für Spießchen dienen.

Avocado

Sie gehört eigentlich in die Obstfamilie, wird in der Küche aber meist wie Gemüse verwendet. Die Früchte sind im Schnitt 200 bis 400 g schwer, ihre Schale ist je nach Sorte dick oder dünn und glatt oder rauh. Das Fruchtfleisch kann gelblich bis hellgrün sein. Avocados werden in unreifem Zustand geerntet und kommen auch so bei uns auf den Markt. Sie sind reif, wenn die Frucht auf leichten Fingerdruck nachgibt. Kühl kann man sie dann noch etwa eine Woche lagern. Ausgehöhlt eignen sich Avocados sehr gut zum Garnieren, aber auch Fruchtscheiben werden häufig für Garnituren verwendet. Aufgeschnittene Avocados sollte man immer gleich mit etwas Zitronensaft beträufeln, sonst verfärbt sich ihr Fruchtfleisch bräunlich. Erhitzt man das Fruchtfleisch, wird der Geschmack leicht bitter.

Gurke

Salatgurken sind heute in fast allen Ländern bekannt, so daß man ihren Ursprung nicht mehr genau bestimmen kann. Es gibt sie in vielen Größen und Sorten, die beste Qualität hat aber immer ein festes Fleisch und ein enges Kerngehäuse. Wegen ihrer Konsistenz und ihrer grünen Farbe eignen sich Salatgurken bestens für phantasievolle Garnituren. Aber auch eingelegte Gurken sind vielseitig verwendbar. Wichtig ist, daß sie unbeschädigt sind.

Kürbis

Ihn gibt es in vielen verschiedenen Größen, Farben und Formen, so daß er sich besonders als ganze Frucht, z.B. ausgehöhlt und gefüllt, auf einem Buffet sehr dekorativ macht. Ein reifer Kürbis klingt leicht hohl, wenn man mit dem Finger an die Schale klopft. Das relativ geschmacksneutrale Fruchtfleisch sollte leuchtend orange aussehen und knackig, aber nicht weich und faserig sein. Für Garnituren wird meist der ganze Kürbis verwendet.

Paprikaschote

Im Handel gibt es sie in verschiedenen Größen und Formen sowie in den Farben Rot, Grün und Gelb. Beste Qualität hat eine feste, glatte und glänzende Haut. Im Gemüsefach des Kühlschranks lassen sich Paprikaschoten bis zu einer Woche lagern. Wegen ihres dünnen Fleischmantels, dessen fester Konsistenz und wegen ihrer schönen, leuchtenden Farben sind sie ideal für Garnituren. Sie können gefüllt, in Streifen oder in Ringe geschnitten sowie auch ausgestochen werden.

Tomate

Es gibt sie in Rot und in Gelb sowie in vielen verschiedenen Sorten, angefangen von der kleinen Kirsch- oder auch Cocktailtomate über die allseits bekannte Kugeltomate bis hin zur Eier- und zur Fleischtomate. Das Fruchtfleisch enthält dabei, je nach Sorte, mehr oder weniger Flüssigkeit. Noch nicht voll ausgereifte Tomaten kann man in warmen Räumen ohne Probleme nachreifen lassen. Achtung, Tomaten sind sehr kälteempfindlich. Lagert man sie im Kühlschrank, bekommen sie ein glasiges Aussehen und verlieren an Geschmack. Wegen ihrer schönen roten Farbe und ihres festen Fruchtfleisches eignen sich Tomaten hervorragend zum Garnieren. Sie werden zum Beispiel gerne als Körbchen verwendet.

Zucchini

Wie eine Reihe anderer Kürbisarten stammen auch die Zucchini vom Riesenkürbis ab. Bei reifen Früchten ist das Fleisch weiß bis hellgrün, aber fester in der Konsistenz und weniger saftig als das einer Gurke. Im Gemüsefach des Kühlschranks sind sie etwa zwei Wochen haltbar. Rohe Zucchini eignen sich aber sehr gut zum Garnieren, zum Beispiel als gefüllte Türmchen oder Schiffchen.

Warenkunde: Frucht- und Sprossengemüse

Tomate

Kirschtomate aushöhlen
Durch ihre zierliche Größe sind Kirschtomaten an sich schon ein hübscher Blickfang auf einem Teller oder auf einer kalten Platte. Größere Früchte können als Minikörbchen verwendet werden. Dazu oben einen flachen Deckel abschneiden und die Tomaten mit einem kleinen Kugel- oder einem Perlausstecher vorsichtig aushöhlen (1). Das Körbchen kann man dann mittels eines Spritzbeutels mit Creme füllen.

Tomate enthäuten
Hierfür benötigt man recht feste Tomaten, da das Fruchtfleisch durch das Enthäuten an Stabilität verliert. Zunächst von der Tomate den grünen Stengelansatz keilförmig herausschneiden, dann die Tomatenhaut an der Unterseite mit einem Messer über Kreuz leicht einritzen. Die Tomate kurz in kochendes Wasser halten, bis sich die Schale zu lösen beginnt, dann abschrecken. Die Haut läßt sich nun ganz leicht mit einem Messer abziehen (2). Für Garnituren kann man sowohl enthäutete Tomaten als auch solche mit Haut nehmen.

Tomate aushöhlen
Ausgehöhlte Tomaten eignen sich hervorragend zum Füllen. Zunächst eine ungeschälte Tomate mit einem Messer quer halbieren. Dann das Kerngehäuse mit einem Teelöffel oder einem großen Kugelausstecher herauslösen (3). Damit die Tomatenhälften mehr Stand bekommen, sie an der Wölbung mit einem Messer gerade abschneiden (4). Benötigt man eine größere Tomatenhälfte, von der Frucht oben nur einen dünnen Deckel abschneiden und den unteren Teil wie oben beschrieben aushöhlen.

Tomatenkörbchen
Von einer ungeschälten Tomate oben zwei Stücke wegschneiden (5), so daß man einen kleinen Henkelkorb erhält. Das Kerngehäuse mit einem Teelöffel oder einem Kugelausstecher herauslösen. Das Körbchen an der Unterseite gerade abschneiden, damit es Stand bekommt, und dann beliebig füllen.

Tomatenkrone
Eine ungeschälte Tomate in der Mitte rundherum mit einem kleinen Messer zickzackförmig bis zur Mitte einstechen. Die beiden Hälften gegeneinanderdrehen und so voneinander lösen. Die Hälften mit einem Teelöffel oder einem Kugelausstecher aushöhlen (6), und an der Unterseite geradeschneiden, damit sie Stand bekommen.

Tomatenscheiben
Aus Tomatenscheiben kann man schöne Ornamente legen. Dafür eine ungeschälte Tomate mit einem Tomatenmesser quer in etwa 1 cm dicke Scheiben schneiden (7). Die Endstücke werden nicht verwendet.

Tomatensechstel
Sie eignen sich gut für gelegte Ornamente. Zunächst eine ungeschälte Tomate halbieren und die Hälften dann jeweils in drei gleich große Stücke schneiden (8).

Tomatenrose
Hierfür benötigt man eine feste Tomate. Die Haut mit einem sehr scharfen Messer in einer 1½ cm breiten Spirale dünn abschälen. Die Schalenspirale zunächst recht fest (9), dann etwas lockerer zu einer Rose zusammenrollen.

TOMATEN MIT EIGELBCREME

Für 4 Tomaten

Für die Creme:

- 4 hartgekochte Eigelb
- 6 EL weiche Butter
- 1½ EL zubereiteter feingehackter TK-Spinat
- etwas mittelscharfer Senf
- Worcestershiresauce
- schwarzer Pfeffer
- Salz

Außerdem:

- 4 mittelgroße, ungeschälte Tomaten

Zubereitungszeit: ca. 20 Minuten

1. Die Eigelbe durch ein feines Sieb in eine Schüssel passieren. Den zubereiteten Spinat in einem Sieb gut abtropfen lassen.
2. Die Butter mit einem Handrührgerät cremig rühren. Dann die Eigelbe und den Spinat daruntergeben und die Creme mit etwas Senf, Worcestershiresauce, Pfeffer und Salz abschmecken.

Anrichten

Von den Tomaten oben den Deckel abschneiden und die Tomaten aushöhlen (Seite 24). Die Eiercreme mittels eines Spritzbeutels mit Sterntülle hineinfüllen.

TOMATENHÄLFTEN MIT SHRIMPSSÜLZE

Für 4 Tomaten

Für die Sülze:

- 3 Blätter weiße Gelatine
- ⅛ l Fischfond aus dem Glas
- ⅛ l trockener Weißwein
- 1 Prise Salz
- 1 Prise weißer Pfeffer
- 3 Dillzweige
- 125 g Cocktailshrimps

Außerdem:

- 4 mittelgroße, ungeschälte Tomaten

Zubereitungszeit: ca. 20 Minuten
Kühlzeit: ca. 2 Stunden

1. Die Gelatineblätter etwa 10 Minuten in kaltem Wasser quellen lassen. Inzwischen den Fischfond zusammen mit dem Wein sowie etwas Salz und Pfeffer in einem Topf erhitzen, aber nicht kochen lassen.
2. Die Gelatineblätter gut ausdrücken und in der heißen Flüssigkeit auflösen. Den Sud etwas abkühlen lassen.
3. Den Dill waschen und fein schneiden. Ihn zusammen mit den Shrimps in den Sud geben.

Anrichten

Die Tomaten der Länge nach halbieren und aushöhlen (Seite 24). Die noch flüssige Shrimpsfüllung hineingeben und die Tomaten für etwa 2 Stunden in den Kühlschrank stellen, bis die Sülze fest ist.

TOMATENHÄLFTEN MIT AVOCADOCREME

Für 4 Tomaten

Für die Creme:

- 2 Blätter weiße Gelatine
- ½ Avocado (100 g)
- ½ TL Zitronensaft
- ½ EL Sherry medium dry
- ½ TL Walnußöl
- 3–4 EL geschlagene Sahne
- etwas feingeriebener Meerrettich
- Salz
- schwarzer Pfeffer

Außerdem:

- 4 mittelgroße, ungeschälte Tomaten

Zubereitungszeit: ca. 20 Minuten
Kühlzeit: ca. 2 Stunden

1. Die Gelatineblätter etwa 10 Minuten in kaltem Wasser quellen lassen. Inzwischen die Avocadohälfte schälen, das Fruchtfleisch würfeln und pürieren.
2. Die Gelatine ausdrücken, in 2 Eßlöffel heißem Wasser auflösen. Durch ein Sieb zum Avocadopüree geben.
3. Den Zitronensaft, den Sherry und das Öl darunterrühren. Dann die Sahne darunterziehen und die Creme mit Meerrettich sowie mit Salz und Pfeffer abschmecken.

Anrichten

Von den Tomaten oben den Deckel abschneiden und die Früchte aushöhlen (Seite 24). Die Avocadocreme hineinfüllen und die Tomaten für etwa 2 Stunden in den Kühlschrank stellen, bis die Creme fest ist. Dann die Tomaten senkrecht halbieren oder in dicke Scheiben schneiden.

Tomatenhälfte mit Shrimpssülze: Die Tomatenhälfte mit Shrimpssülze nach dem Rezept Seite 25 zubereiten, auf eine mit dem Buntmesser geschnittene Gurkenscheibe setzen und mit einem aus Gurkenschale ausgestochenen Mond und zwei Peperoniringen belegen.

Tomatenrose auf Blättchen: Eine Tomatenrose auf drei Liebstöckelblättchen setzen. Ersatzweise kleine Bleichsellerieblätter nehmen.

Gefülltes Tomatenkörbchen: Aus Zucchino, Karotte und Kohlrabi mit einem Perlausstecher kleine Kugeln herauslösen, diese zusammen mit einigen Erbsen bißfest blanchieren und in etwas Vinaigrette wenden. In das mit Pfeffer und Salz ausgestreute Körbchen füllen und mit zwei Erbsenschotenhälften garnieren.

Gefüllte Tomatenkrone: Einige kleine Blumenkohl- und Brokkoliröschen bißfest blanchieren und mit etwas Vinaigrette mischen. In die mit Pfeffer und Salz ausgestreute Krone füllen und sie auf eine ausgestochene, ½ cm dicke Schinkenscheibe setzen.

Tomatenrose auf Tartelett: Etwas in sehr feine Streifen geschnittenen Eisbergsalat mit 1 Teelöffel Mayonnaise mischen und auf ein salziges Tartelett geben. Eine Tomatenrose darauf setzen und mit kleingezupften Radicchioblättern garnieren.

Kirschtomate mit Eigelbcreme: Eine ausgehöhlte Kirschtomate mit Eigelbcreme (Seite 25) füllen und in ein halbiertes, ausgehöhltes und unten geradegeschnittenes Wachtelei setzen. Aus einer Karotte mit einem Perlausstecher ein Kügelchen herauslösen, es blanchieren und zusammen mit Kerbelblättchen auf die Creme setzen.

Gefülltes Tomatenkörbchen

Tomatenhälfte mit Shrimpssülze

Gefüllte Tomatenkrone

Tomatenrose auf Tartelett

Kirschtomate mit Eigelbcreme

Tomatenrose auf Blättchen

Gemüse und Pilze

Gelbe Kirschtomate mit Olive: In eine ausgehöhlte Kirschtomate eine gefüllte grüne oder eine schwarze Olive geben. Die Tomate auf eine dicke Palmherzscheibe setzen.

Tomatenschmetterling: Aus zwei abgeschälten Tomatensechsteln, zwei Schnittlauchhalmen, ausgestochenen Erbsenschoten und Olivenstückchen sowie einem Gewürzgurkenfächer (Seite 38) einen Schmetterling legen.

Tomatensechstelblüte: Die Schale eines Tomatensechstels V-förmig etwa 2 cm lang einritzen und vom Fruchtfleisch lösen. Die Schnittfläche mit kleinen blanchierten, gewürzten Spinatblättern belegen.

Gefüllte Tomate: Von einer Tomate einen Deckel abschneiden, sie aushöhlen und bis zur Öffnung mit der Eigelbcreme (Seite 25) füllen. Aus der Tomate seitlich ein Sechstel herausschneiden und es daneben legen. Die Tomate mit Gemüseperlen garnieren.

Tomatenblume: Aus acht geschälten Tomatensechsteln und acht Blättchen glatter Petersilie eine Blume legen. Die Tomatensechstel mit ovalen Olivenscheiben belegen und in die Mitte der Blüte einen kannelierten Champignonkopf (Seite 48) setzen.

Ornament aus Tomatenscheiben: Die Tomaten mit Avocadocreme nach dem Rezept Seite 25 zubereiten, in 1 cm dicke Scheiben schneiden und je drei Scheiben sich leicht überlappend auslegen. In die Mitte jeweils eine Scheibe einer eingelegten schwarzen Walnuß und einer Walnußhälfte plazieren.

Tomate

Paprika putzen
Eine Paprikaschote waschen und oben einen etwa 3 cm dicken Deckel abschneiden (1). Die weißen Trennhäute mit einem kleinen Messer herausschneiden und die kleinen Kerne herauswaschen.

Paprikabecher
Eine Paprikaschote wie oben beschrieben putzen und eventuell unten geradeschneiden (2). Nicht zuviel abschneiden, damit die Schote unten noch geschlossen ist. Den Becher beliebig füllen.

Paprika

Paprikaschale
Eine Paprikaschote der Länge nach halbieren (3), putzen und den Stiel herausschneiden. Auch hier die Schote eventuell unten geradeschneiden. Sie dann beliebig füllen.

Paprika ausstechen
Eine Paprikaschote wie links beschrieben putzen und der Länge nach in 2 cm breite Streifen schneiden. Diese mit kleinen Ausstechformen mit kräftigem Druck ausstechen (4). Die entstandenen Formen zu schönen Ornamenten legen.

Gefüllte Paprikaringe

28 Gemüse und Pilze

Für 10 Paprikakronen

Für den Salat:

130 g Rundkornreis

Salz

150 g TK-Erbsen

100 g Champignons

75 g gekochter Schinken am Stück

etwas Zitronensaft

1 EL Walnußöl

4 EL Mayonnaise

Pfeffer

Außerdem:

10 rote oder grüne Paprikaschoten

10 Walnußkernhälften

Zubereitungszeit: ca. 40 Minuten

PAPRIKAKRONEN MIT REISSALAT

1. Den Reis in reichlich Salzwasser in etwa 15 Minuten bißfest garen, ihn dann abschrecken, abtropfen und auskühlen lassen.
2. Inzwischen die Erbsen nach Packungsanweisung bißfest garen. Die Champignons mit einem feuchten Tuch abreiben und kleinwürfeln. Den Schinken ebenfalls in kleine Würfel schneiden.
3. Den kalten Reis mit den Erbsen, den Champignons und dem Schinken mischen. Etwas Zitronensaft mit dem Öl und der Mayonnaise verrühren und die Sauce mit Pfeffer und Salz abschmecken. Die Sauce mit den Salatzutaten mischen.

Anrichten

Von den Paprikaschoten oben zickzackförmig einen Deckel abschneiden (siehe „Tomatenkrone" Seite 24), sie putzen, waschen und eventuell unten etwas geradeschneiden. Den Salat in die Paprikakronen füllen und mit je einer Walnußkernhälfte garnieren. Statt Walnüssen kann man auch Spargelspitzen, Röllchen aus gekochtem Schinken oder kannelierte Champignonköpfe (Seite 48) zum Garnieren nehmen.

Gefüllte Paprikaringe: Die Avocadocreme nach dem Rezept Seite 25 zubereiten. Zwei rote Paprikaschoten putzen, mit der Creme füllen und für 2 Stunden kühl stellen. Die Schoten dann quer in etwa 1 cm breite Scheiben schneiden und diese sich leicht überlappend auslegen. Auf jede ein Röschen aus hauchdünn geschnittenem Räucherlachs und einen Dillzweig legen.

Gefüllte Paprikaschale: 2 Eßlöffel Maiskörner mit 2 Eßlöffeln Kidneybohnen in etwas Vinaigrette wenden und in eine Paprikaschale füllen. Ein eingelegtes Maiskölbchen der Länge nach halbieren und den Salat damit garnieren. Einige geschälte Tomatenstreifen hineinstecken.

Paprikakrone mit Reissalat

Gefüllte Paprikaschale

Aubergine

PFIFFIGER AUBERGINENIGEL

Für 1 Igel

50 g Edamer
(1½ cm dicke Scheibe)

50 g Tilsiter
(1½ cm dicke Scheibe)

50 g Greyerzer
(1½ cm dicke Scheibe)

50 g Emmentaler
(1½ cm dicke Scheibe)

6 dünne, kleine
Salamischeiben

3 eingelegte Maiskölbchen

6 blaue Weintrauben

6 grüne Weintrauben

½ Aubergine
(der Länge nach halbiert)

6 Kirschtomaten

3 Piri-Piri-Schoten
aus dem Glas

6 Mandarinenfilets

6 Radieschenkronen oder
Seerosen (Seite 44)

6 gefüllte grüne Oliven

Holzspießchen

Zubereitungszeit:
ca. ½ Stunde

1. Alle Käsescheiben in 1½ cm große Würfel schneiden. Die Salamischeiben zu kleinen Tüten drehen.
2. Die Maiskölbchen der Länge nach halbieren. Die Weintrauben und die Kirschtomaten waschen. Die Auberginenhälfte mit der Schnittfläche auf eine Platte legen.
3. Jeweils einen Käsewürfel und eine weitere Zutat auf ein Holzspießchen stecken und diese in die Aubergine stecken.

Avocado

AVOCADOSCHEIBEN MIT RÄUCHERLACHSCREME

Für ca. 20 Avocadoscheiben

Für die Creme:

4 Blätter weiße Gelatine

150 g Räucherlachs

3 EL Crème fraîche

1 EL Rote-Bete-Saft

Salz

schwarzer Pfeffer

4 EL heiße Fleischbrühe

80 g geschlagene Sahne

Außerdem:

2 reife Avocados

Zubereitungszeit:
ca. ½ Stunde
Kühlzeit: ca. 2 Stunden

1. Die Gelatine etwa 10 Minuten in kaltem Wasser quellen lassen. Inzwischen den Lachs grob würfeln und zusammen mit der Crème fraîche im Mixer bei niedriger Drehzahl pürieren. Das Püree durch ein feines Sieb streichen, mit dem Rote-Bete-Saft glattrühren und mit Salz und Pfeffer abschmecken.
2. Die Gelatine gut ausdrücken und in der heißen Fleischbrühe auflösen, dann zum Lachs geben. Die Creme so lange rühren, bis sie kalt ist und zu gelieren beginnt. Dann ein Viertel der Sahne darunterrühren und die restliche Sahne vorsichtig darunterheben.
3. Die Avocados der Länge nach halbieren und die Steine herauslösen. Die Avocados schälen und mit einem Plastiklöffel etwas aushöhlen. Die Lachscreme hineinfüllen, die Oberflächen glattstreichen und die Avocados für etwa 2 Stunden in den Kühlschrank stellen, bis die Creme fest ist.

Anrichten
Die Avocados in Spalten oder Scheiben schneiden. Mit ausgestochenem Gemüse garnieren.

Avocado halbieren und den Stein entfernen
Eine Avocado mit einem großen Messer der Länge nach bis zum Stein einschneiden. Die zwei Hälften gegeneinander verdrehen und so die Frucht teilen. Den Stein mit einem Messer herauslösen. Die Schnittstellen mit etwas Zitronensaft beträufeln, damit sich das Fruchtfleisch nicht verfärbt. (Soll eine Hälfte nicht gleich weiterverwendet werden, den Stein nicht herauslösen.)

Avocadofächer: Eine abgeschälte Avocadohälfte von einer Seite her mit feinen Schnitten wie einen Kamm einschneiden und mit der flachen Hand leicht auf den Fächer drücken, so daß er sich entfaltet (siehe auch „Birnenfächer", Seite 58). Zwischen die Fächerblätter gezackt geschnittene Bambussprossenstreifen und ausgestochene Paprikakreise (Seite 28) legen.

Avocadoornament: Eine Avocadohälfte mit Schale quer in Ecken schneiden (siehe „Gurkenecken", Seite 38). Auf der schmalen Dreieckseite die Schale V-förmig einritzen und das Schalen-Dreieck ablösen. Die verbleibende Ecke zusammen mit einer Spargelspitze, dem abgeschnittenen Schalendreieck und einem geschälten Tomatenstück zu einem Ornament legen.

Avocadoscheiben mit Eigelbcreme: Die Avocados mit Eigelbcreme (Seite 25) füllen und in Scheiben schneiden.

Avocadoscheiben mit Eigelbcreme

Avocadoornament

Avocadoscheiben mit Räucherlachscreme

Avocadofächer

Artischocke

Artischocke vorbereiten und kochen

Den Artischockenstiel an einer Tischkante abbrechen (1), den Boden geradeschneiden und die Blattspitzen mit einer Schere kürzen. Am Boden und an der Spitze mit Küchengarn eine dicke Zitronenscheibe festbinden (2). So behält die Artischocke beim Kochen ihre Farbe. Sie dann in reichlich Salzwasser zusammen mit etwas Zitronensaft etwa 25 Minuten kochen, bis sich die Blätter leicht herausziehen lassen. Die Artischocke herausnehmen und kopfüber abtropfen lassen.

Artischockenboden

Von einer rohen Artischocke den Stiel abbrechen, starke Außenblätter entfernen und die restlichen Blätter am Ansatz gerade abschneiden. Dann von der Artischocke unten einen etwa 5 cm dicken Boden abschneiden (3) und mit einem Kugelausstecher vorsichtig das „Heu" herauslösen (4). Den Boden unten gerade abschneiden, mit Zitronensaft beträufeln und wie oben beschrieben kochen.

Artischockenschüssel

Von einer gekochten Artischocke oben nur einen kleinen Deckel abschneiden (5) und aus dem unteren Teil innen einige Blattreihen sowie das „Heu" entfernen.

Artischockenboden mit Schinkenmus:
Die Garnitur wie im Rezept Seite 33 beschrieben herstellen. Je eine kleine frische rote und grüne Chilischote waschen, die Spitzen abschneiden und die Kernchen herauskratzen. Die Schoten rundherum mit der Küchenschere bis kurz vor den Stiel einschneiden und in kaltes Wasser legen, bis sie sich zu „Blüten" öffnen. Diese in das Schinkenmus stecken.

Asymmetrischer Artischockenboden:
Einige zuvor abgezupfte, große Artischockenblätter kochen und asymmetrisch um einen Artischockenboden legen. Ihn mit kleingezupftem Friséesalat belegen. Ein kleines Stück geräuchertes Forellenfilet würfeln, mit ½ Teelöffel Preiselbeeren aus dem Glas, ½ Eßlöffel geschlagener Sahne und 1 Messerspitze geriebenem Meerrettich mischen und auf den Salat geben. Mit einem Streifen Forellenfilet, roten Weintrauben und einem Dillzweig garnieren.

Belegter Artischockenboden:
Pro Boden ein Brokkoliröschen und etwa zwölf ausgelöste Karottenkugeln (Seite 42) blanchieren. Beides auf einen Artischockenboden setzen.

Artischockenschüssel mit Mozzarellafüllung

ARTISCHOCKENSCHÜSSELN MIT MOZZARELLAFÜLLUNG

Für 4 Artischockenschüsseln

Für die Füllung:

1 hartgekochtes Ei

100 g Mozzarella

1 Tomate

1 EL Weißweinessig

½ TL Zitronensaft

2 EL Artischockenkochwasser

3 EL Olivenöl

Salz, schwarzer Pfeffer

1 TL gehackte Zitronenmelisse

1 TL Schnittlauchröllchen

1 TL Estragonblättchen

Außerdem:

4 gekochte Artischocken-schüsseln

8 Kapuzinerkresseblüten oder andere eßbare Blüten

Zubereitungszeit: ca. ¼ Stunde

1. Das Ei pellen und zusammen mit der Mozzarella in kleine Würfel schneiden. Die Tomate enthäuten (Seite 24), halbieren, entkernen und kleinwürfeln.
2. Den Essig zusammen mit dem Zitronensaft, dem Artischockenwasser, dem Öl sowie etwas Salz und Pfeffer zu einer Vinaigrette verschlagen.
3. Die Eier-, die Mozzarella- und die Tomatenwürfel mit zwei Dritteln der Vinaigrette mischen.

Anrichten
Die Füllung in die Artischockenschüsseln geben. Mit den Blüten garnieren und alles mit der restlichen Vinaigrette beträufeln.

ARTISCHOCKENBÖDEN MIT SCHINKENMUS

Für 8 Artischockenböden

Für das Schinkenmus:

2 Blätter weiße Gelatine

250 g magerer gekochter Schinken

1 kleine Tomate

6 EL weiche Butter

4 EL Crème double

Paprikapulver edelsüß

2 EL heiße Fleischbrühe

125 g süße Sahne

Außerdem:

8 gekochte Artischockenböden

Zubereitungszeit: ca. ½ Stunde
Kühlzeit: ca. 2 Stunden

1. Die Gelatineblätter etwa 10 Minuten in kaltem Wasser quellen lassen. Inzwischen den Schinken kleinwürfeln und im Mixer fein pürieren. Die Tomate enthäuten (Seite 24), halbieren, entkernen und ebenfalls pürieren.
2. Die Butter cremig rühren und mit dem Schinken- und dem Tomatenpüree sowie der Crème double glattrühren. Mit Paprikapulver abschmecken.
3. Die Gelatine gut ausdrücken und in der heißen Fleischbrühe auflösen. Diese dann zur Schinkencreme geben und alles so lange rühren, bis die Creme kalt ist.
4. Die süße Sahne steif schlagen. Wenn die Schinkencreme beginnt zu gelieren, die Sahne darunterziehen.

Anrichten
Das Mus mittels eines Spritzbeutels mit Lochtülle in die Artischockenböden spritzen und diese für 2 Stunden kühl stellen.

Artischockenboden mit Schinkenmus

Asymmetrischer Artischockenboden

Belegter Artischockenboden

Kürbis

PIKANTER ERDBEER-ORANGEN-SALAT IM KÜRBIS

Für 1 mittelgroßen Kürbis

Für den Salat:

- 1 grüne Paprikaschote
- 1 rote Paprikaschote
- ¼ Kopf Eisbergsalat
- 200 g Erdbeeren
- 2 Orangen
- 2 EL Zucker
- 1 TL Balsamessig (Aceto balsamico)
- 1 Msp. englisches Senfpulver
- 1 TL Weißwein
- 2 EL Orangensaft
- 3 EL Sonnenblumenöl

Außerdem:

- 1 Kürbiskrone
- einige Minzblätter

Zubereitungszeit: ca. 1 Stunde

1. Den Backofen auf 200° C vorheizen. Die Paprikaschoten halbieren, putzen, waschen und mit den Schnittseiten auf ein Backblech legen. Die Paprikaschoten so lange im Ofen backen, bis ihre Haut Blasen wirft.
2. Inzwischen den Eisbergsalat verlesen, waschen und in mundgerechte Stücke zupfen. Die Erdbeeren putzen, waschen und halbieren.
3. Die Orangen sorgfältig schälen und dann filetieren (Seite 70).
4. Die Paprikaschoten aus dem Ofen nehmen, kurz mit einem feuchten Tuch bedecken, dann die Haut abziehen. Die Schoten in Streifen schneiden. Den Zucker in einem Topf schmelzen lassen, die Paprikastreifen darin kurz glasieren und dann erkalten lassen.
5. Die Erdbeeren und die Orangenfilets mit dem Essig beträufeln. Das Senfpulver in dem Wein auflösen und das Öl und den Orangensaft darunterschlagen.
6. Paprikastreifen, Orangenfilets, Erdbeeren und Eisbergsalat getrennt in der Marinade wenden.

Anrichten

Den Eisbergsalat in die Kürbiskrone füllen. Dann die Paprikastreifen, die Orangenfilets und die Erdbeeren dekorativ darauf legen. Den Salat mit den Minzeblättern garnieren.

Kürbiskrone

Den Kürbis in der oberen Hälfte mit einem großen Messer bis zur Mitte zickzackförmig einschneiden. Die zwei Hälften gegeneinander verdrehen und so den Deckel ablösen. Die Kerne mit einem großen Löffel herauskratzen. Den Deckel nicht wegwerfen, man kann ihn beim Servieren schräg an die Kürbiskrone lehnen.

Kürbisschweinerl

Aus einem bißfest gegarten Kürbisstück (ohne Schale und Kerne) mit einem Eisportionierer eine große und mit einem Kugelausstecher eine kleine Kugel herauslösen und beide mit Zahnstochern zu einem Schweinerl zusammenstecken. Aus dem Kürbisstück zwei kleine Dreiecke herausschneiden und sie mit zwei halben Zahnstochern am Schweinerlkopf befestigen. Ein kleines, rundes Kürbisstück als Schnauze am Kopf feststecken. Zwei Pfefferkörner als Augen in den Kopf stecken, zwei der Länge nach halbierte Nelken als Nasenlöcher in das Schnäuzchen drücken. Für den Schwanz ein zu einer Spirale geschnittenes Kürbisstück am Körper befestigen. Dann das Schweinerl in ein Kressenest setzen.

Gefüllter Kürbis

Kürbisschweinerl

Zucchini

ZUCCHINOBOOTE MIT GEMÜSESALAT

Zucchinoboot
Einen Zucchino mit einem Sparschäler schälen, ihn der Länge nach halbieren und quer zu etwa 7 cm lange Stücke schneiden. Diese an den Enden etwas abrunden und an der Unterseite geradeschneiden, damit sie Stand bekommen. Die Boote an der Oberseite mit einem Teelöffel etwas aushöhlen, damit man die Füllung besser hineingeben kann.

Zucchinorosette
Einen kleinen Zucchino mit einem Kanneliermesser kannelieren. Ihn dann mit einem Rettichschneider zu einer Spirale schneiden (Seite 44) und diese zu einem Ring legen. In die Mitte eine dicke Zucchinoscheibe legen und eine Tomatenrose (Seite 24) darauf setzen.

Zucchinoblüte
Von einem ungeschälten, der Länge nach halbierten Zucchino an der Schnittseite eine dünne Scheibe abhobeln. Sie von der einen Längsseite her mit einem Messer von der Schalenseite her wie einen Kamm einschneiden. Die Scheibe eng zusammenrollen, an der nicht durchgeschnittenen Seite mit einem kleinen Spießchen feststecken und aufrecht hinsetzen. Die einzelnen Blütenblätter etwas auseinanderzupfen.

1. Das Gemüse putzen und waschen. Das Karottenstück schräg in etwa 1 cm dicke Scheiben, die Bohnen in etwa 3 cm lange Stücke schneiden. Die Brokkoli- und die Blumenkohlröschen in kleine Stücke schneiden.
2. Karotte, Brokkoli und Blumenkohl etwa 3 Minuten, Bohnen etwa 2 Minuten in kochendem Wasser blanchieren. Das Gemüse abschrecken und gut abtropfen lassen.
3. Den Essig mit etwas Salz und Pfeffer verrühren, das Öl darunterschlagen und die Walnußhälften hineingeben. Die Gemüsestückchen mit der Marinade mischen.

Anrichten
Den Gemüsesalat in die Zucchinoboote füllen.

Für 4 Zucchinoboote

Für den Salat:

je 30 g Karotte, Brokkoliröschen, grüne Bohnen und Blumenkohlröschen

1 EL Weißweinessig

Salz

weißer Pfeffer

2 EL Walnußöl

4 Walnußhälften

Außerdem:

4 Zucchinoboote

Zubereitungszeit: ca. ¼ Stunde

Zucchinoboote mit Gemüsesalat

Zucchinorosette

Zucchinoblüte

Gurke

Gurkenkörbchen
Eine ungeschälte Gurke quer in etwa 5 cm lange Stücke schneiden. Dann mit einem kleinen Messer zwei waagerechte und mit einem Buntmesser zwei senkrechte Schnitte machen (1), so daß ein Körbchen entsteht. Dieses mit einem Kugelausstecher etwas aushöhlen (2).

Gurkentürmchen
Eine ungeschälte Gurke mit einem Kanneliermesser kannelieren (Seite 38) und quer in etwa 4 cm lange Stücke schneiden. Die Türmchen mit einem Kugelausstecher etwas aushöhlen (3).

Gurkenkrone
Eine ungeschälte Gurke quer in etwa 8 cm lange Stücke schneiden. Diese in der Mitte rundherum zickzackförmig einschneiden und die zwei Hälften durch leichtes Drehen voneinander lösen (4).

Gurkenboot
Eine ungeschälte Gurke der Länge nach halbieren und das Kernfleisch mit einem Löffel herauskratzen. Die Gurke in etwa 6 cm lange Stücke schneiden.

Gurke mit Fenchelpfeife

Gurke mit Fenchelpfeife
Von einer kleinen Fenchelknolle ein Blatt mit Stengel abtrennen und auf eine schräggeschnittene, kannelierte Gurkenscheibe (Seite 38) setzen (5). Mit einem Messer etwas Käse-Paprika-Creme (Rezept: Seite 93, aber statt grünem roten Paprika nehmen) in die Pfeife streichen. Die Creme mit ausgestochenen Paprikaformen (Seite 28), ausgestochener Garniermasse und Gurkenkugeln (Seite 38) garnieren.

Gurkenrispe
Von einem etwa 6 cm langen Gurkenstück der Länge nach eine etwa 1½ cm dicke Scheibe abschneiden. Die schmalen Schnittseiten schräg zuschneiden. Dann das Gurkenstück ebenfalls schräg mit sehr feinen Schnitten wie einen Kamm einschneiden (6). Die entstandenen Streifen umbiegen. Als Variante nur jeden zweiten Streifen umbiegen (7).

Gurkenblume
Eine Gurke mit Schale der Länge nach sechsteln und das Kernfleisch abschneiden. Die Sechstel sehr schräg in etwa 6 cm lange Stücke schneiden und dann ebenfalls sehr schräg mit feinen Schnitten wie einen Kamm einschneiden (8). Die Streifen zu Ringen legen (9).

36 Gemüse und Pilze

GURKENBOOTE MIT ROQUEFORTCREME

Für ca. 10 Gurkenboote

Für die Creme:

60 g Roquefort

6 EL weiche Butter

125 g Speisequark

Salz

schwarzer Pfeffer

Paprikapulver edelsüß

Außerdem:

ca. 10 Gurkenboote

3–4 gefüllte grüne Oliven

Zubereitungszeit:
ca. ¼ Stunde

1. Den Roquefort in Würfel schneiden, durch ein Sieb drücken und zusammen mit der Butter und dem abgetropften Quark zu einer glatten Creme verrühren.
2. Die Creme mit Salz, Pfeffer und Paprikapulver pikant abschmecken.

Anrichten
Die Creme mittels eines Spritzbeutels mit Lochtülle jeweils in drei langen Streifen in die Gurkenboote spritzen. Die Oliven in dünne Scheiben schneiden und die Creme damit garnieren.

Gurkenkörbchen mit Ratatouille: Ein Paket TK-Ratatouille nach Packungsanweisung zubereiten und jeweils 1 bis 2 Teelöffel davon in ein Gurkenkörbchen geben.

Gurkentürmchen mit Currycreme: Für sechs Türmchen 2 Eßlöffel Crème fraîche, 1 Eßlöffel Mayonnaise, etwa ¼ Teelöffel Mango Chutney, einige winzige Apfel- und Bananenwürfel sowie ¼ Teelöffel Currypulver zu einer Creme verrühren. Diese auf die Türmchen spritzen und mit je einem Stück gekochtem Hummerfleisch und ausgelösten, blanchierten Gemüsekugeln garnieren. Einen aus Garniermasse ausgestochenen Hummer darauf setzen. Mit Dill garnieren.

Gurkenkrone mit Rose: Mit einem Spritzbeutel etwas Frischkäse auf eine Gurkenkrone spritzen und darauf eine Tomatenrose (Seite 24) setzen. Mit Dill garnieren.

Gefüllte Gurkenrispe: In die Schlaufen einer Gurkenrispe winzige Stückchen einer enthäuteten Tomate geben.

Gurkenblume

Gurkenboot mit Roquefortcreme

Gurkenkörbchen mit Ratatouille

Gurkentürmchen mit Currycreme

Gefüllte Gurkenrispe

Gurkenkrone mit Rose

Gurke

Gurke kannelieren
Von einer festen, ungeschälten Gurke mit einem Kanneliermesser die Schale in feinen Streifen abziehen (1).

Gurkenscheiben
Eine ungeschälte oder eine kannelierte Gurke quer (2) in dünne Scheiben schneiden. Für ovale Scheiben die Schnitte schräg ansetzen (3). Die Scheiben eventuell noch halbieren.

Gurkenecken
Eine ungeschälte Gurke der Länge nach halbieren und dann mit der Schnittseite nach unten quer in kleine Dreiecke schneiden (4).

Gurkenkugeln
Einen Kugelausstecher in eine geschälte oder eine ungeschälte, feste Gurke drücken und unter Drehen kleine Kugeln herauslösen (5).

Gurkenfächer
Eine etwa 2 cm dicke Gurkenscheibe mit Schale halbieren. Die Hälften auf die Schnittflächen legen und wie einen Kamm fein einschneiden (6). Die dünnen Scheiben zu einem Fächer auseinanderziehen (7).

Gewürzgurkenfächer
Von einer festen Gewürzgurke an den langen Seiten jeweils eine dünne Scheibe abschneiden. Dann die Gurke der Länge nach dicht nebeneinander wie einen Kamm einschneiden (8) und mit der flachen Hand leicht auf den Fächer drücken, so daß er sich öffnet (9).

Gurkenring
Etwa 1 cm dicke, kannelierte Gurkenscheiben mit einem Löffel so aushöhlen, daß ein Ring entsteht (10).

Gewürzgurkenfächer mit Paprika

Gurkenkette

Gurkentraube

Ornament aus
Gurken- und Karottenscheiben

Gurkenhase

Gurkenfisch

Gurkenfisch: Eine Paprikahälfte enthäuten (Seite 34) und in die Form eines Fischkörpers (ohne Schwanz) schneiden. Dann einen Gurkenfächer als Schwanzflosse anlegen und einen Kreis aus Garniermasse als Auge auf den Fisch legen.

Gurkenkette: Mehrere Gurkenringe einmal durchschneiden und zu einer Kette zusammensetzen.

Gurkentraube: Aus gleich großen Gurken- und Wassermelonenkugeln eine Traube legen. Aus dicker Gurkenschale blattähnliche Formen ausschneiden und sie oben an die Traube legen.

Ornament aus Gurken- und Karottenscheiben: Aus mehreren gleich großen, blanchierten Karottenscheiben und ungeschälten Gurkenscheiben jeweils gleich große Dreiecke herausschneiden. Immer ein Gurken- und ein Karottenstück zu einer Scheibe zusammensetzen und diese in eine Reihe legen.

Gurkenhase: Die Schale einer Gurkenecke von der breiten Seite her wie ein Dreieck einritzen. Dann mit einem Messer von der breiten Seite her unter die Schale fahren und sie bis kurz vor das spitze Ende abschälen. Das Schalendreieck entfernen. Den Hasen so lange in kaltes Wasser legen, bis sich die Ohren aus Gurkenschale aufstellen. Für die Augen zwei Löcher in die Schale schneiden und kleine Karottenstücke hineindrücken. Für den Mund ein kleines Stück Garniermasse an den Kopf drücken.

Gewürzgurkenfächer mit Paprika: Einen Gewürzgurkenfächer mit ausgestochenen Paprikastückchen, Peperoniringen und Karottenkugeln garnieren.

Gurke

Wurzel- und Knollengemüse und Pilze

Karotte

Dieses Wurzelgemüse gibt es das ganze Jahr über zu kaufen. Wenn man bei der Lagerung das grüne Blattwerk an den Karotten läßt, halten sie sich im Gemüsefach des Kühlschranks etwa eine Woche frisch. Größere Karotten werden immer geschält, kleinere müssen nur geschabt werden. Karotten, die man für Garnituren verwendet, sollten immer gerade gewachsen sein und ein festes Fleisch besitzen. Weil sie auch nach längerem Stehen in warmer Luft nicht weich werden, eignen sich Karotten ganz besonders gut zum Garnieren.

Kartoffel

Bei uns gibt es mittlerweile über 100 Kartoffelsorten, die in die Gruppen „festkochend", „vorwiegend festkochend" und „mehlig kochend" unterteilt sind. Für Garnituren sollten immer festkochende genommen werden. Man verwendet stets gekochte oder ausgebackene Kartoffeln, denn rohe verfärben sich nach längerem Stehen und eignen sich auch nicht zum Verzehr.

Radieschen

Wegen ihrer leuchtend roten Farbe und ihrer knackigen Konsistenz sind Radieschen immer ein beliebtes Gemüse für Garnituren. Verwenden sollte man immer nur ganz frische und unbeschädigte Stücke. Radieschen bleiben länger frisch, wenn man gleich das grüne Blattwerk abschneidet, denn dieses entzieht den Knollen Feuchtigkeit – sie werden dann schrumpelig.

Rettich

Er gehört zu unseren ältesten Kulturpflanzen. Rettiche werden bis zu 30 cm lang und kommen bei uns meist in Weiß, in Rot und in Schwarz in den Handel. Ein frischer weißer Rettich sollte gerade gewachsen, knackig und ohne Beschädigungen sein. Gelagert wird er im Gemüsefach des Kühlschranks.

Champignons

Von den vielen Pilzsorten, die es bei uns gibt, ist der Champignon fast der einzige, der sich für Garnituren eignet, denn er hält sich vergleichsweise länger frisch. Bei uns findet man die herkömmlichen weißen und die braunen Champignons (Steinpilzchampignons), die sich beide für Garnituren eignen. Frische Champignons sollten geschlossene Köpfe haben und keine Beschädigungen aufweisen. Champignons muß man vor der Verwendung nur mit einem feuchten Tuch abreiben.

Morcheln

Sie gibt es bei uns sowohl frisch als auch in getrockneter Form zu kaufen. Die Arten sind sehr vielfältig, am häufigsten ist die Spitzmorchel. Frische Ware wird gründlich gewaschen, getrocknete muß man vor der Weiterverwendung etwa 5 Stunden in Wasser quellen lassen. Morcheln haben einen würzig-kräftigen Geschmack und eignen sich sehr gut zum Füllen.

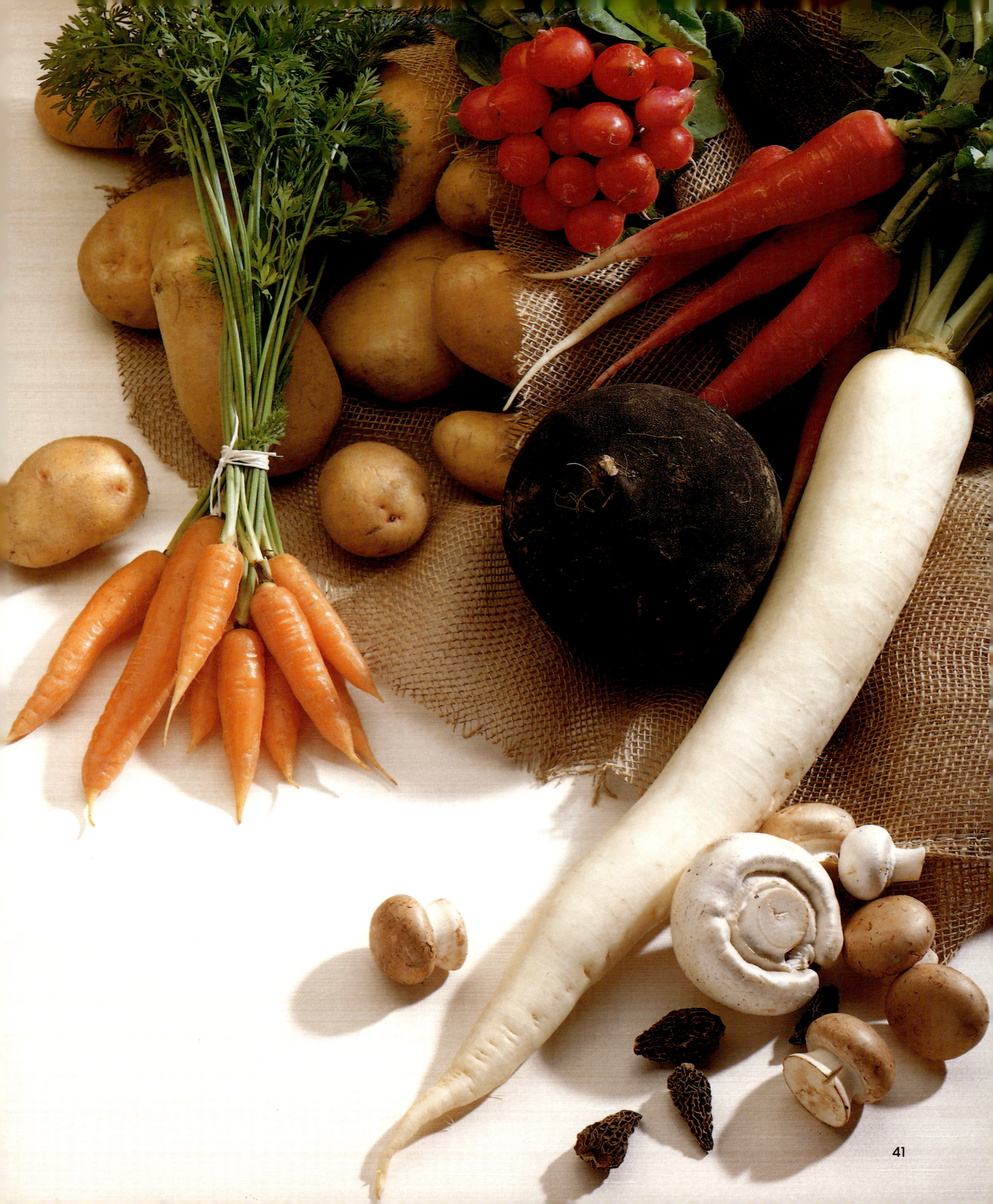

Karotte

Karotte kannelieren
Eine gerade gewachsene Karotte putzen, schälen, bißfest garen und abschrecken. Dann mit einem Kanneliermesser feine Streifen abziehen (1).

Karottenscheiben
Eine geschälte oder eine kannelierte bißfest blanchierte Karotte mit einem Messer oder Buntmesser quer in dünne Scheiben schneiden (2), diese eventuell noch halbieren und dann zu Mustern legen.

Karotte ausstechen
Aus gekochten Karottenscheiben mit kleinen Ausstechförmchen Motive ausstechen (3). Man kann diese zusätzlich noch innen mit einem kleineren Ausstecher ausstechen und in das Loch eine mit dem gleichen Ausstecher hergestellte Form aus blanchiertem Sellerie oder aus Kohlrabi legen (4).

Karottenkugeln
Einen Perl- oder Kugelausstecher in eine geschälte, rohe Karotte drücken und unter gleichmäßigem Druck um seine eigene Achse drehen (5). Die entstehenden Kugeln bißfest kochen.

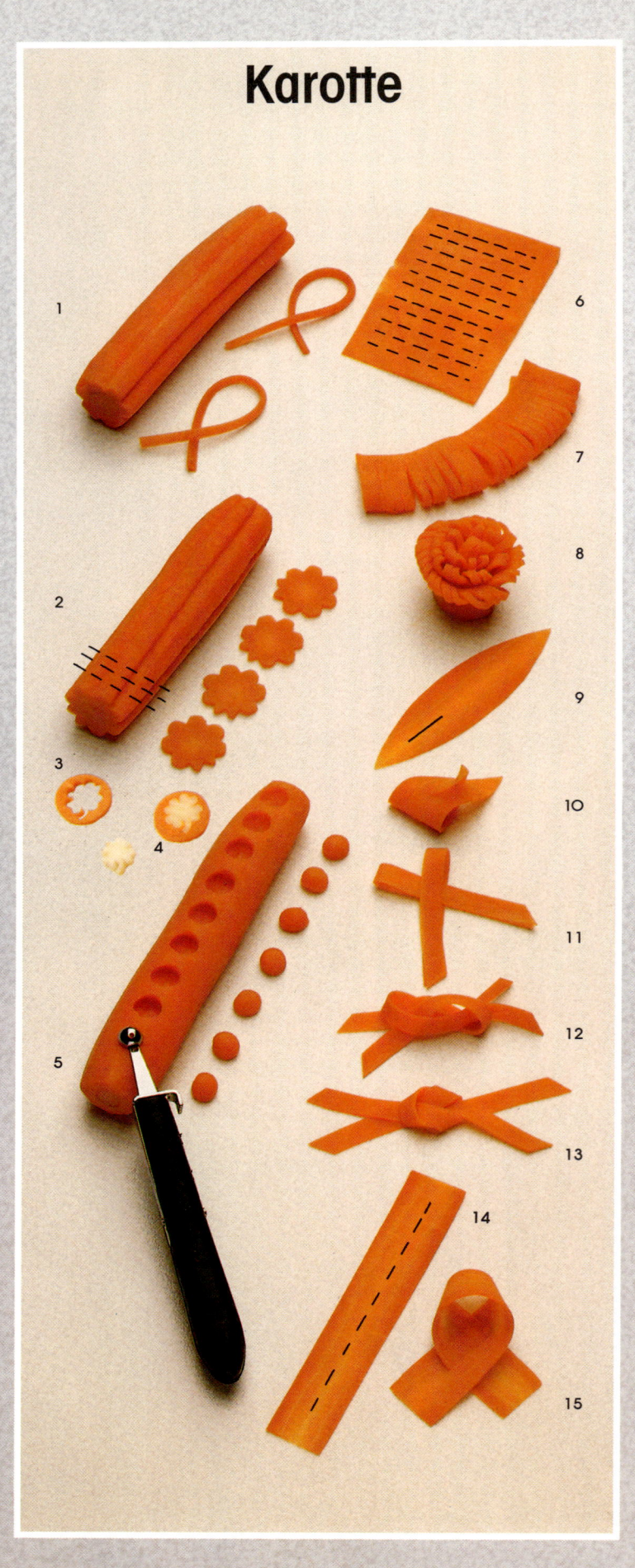

Karottenblüte
Von einem geschälten, rohen, etwa 7 cm langen Karottenstück eine hauchdünne, etwa 15 cm lange Spirale abschälen. Diese flach auslegen und in der Mitte feine Parallelschnitte anbringen (6). Den Streifen dabei an den Seiten nicht durchschneiden. Den Streifen der Länge nach zusammenklappen (7), von einer Seite her aufrollen und die Blüte mit einem Spießchen feststecken (8).

Karottenschleifchen
Aus einem dünnen Karottenstreifen eine Ellipse herausschneiden. In das eine Ende einen Schlitz schneiden (9) und das gegenüberliegende Ende hindurchstecken (10).

Karottenkrawatte
Zwei sehr dünne, lange und etwa 1 cm breite Karottenstreifen blanchieren, abschrecken und abtupfen. Die Streifen jeweils zu Schlaufen biegen und diese ineinanderstecken (11). Die Schlaufenenden dabei mit den Händen festhalten. Dann die Enden der inneren Schlaufe durch die äußere Schlaufe ziehen (12). Den „Krawattenknoten" vorsichtig zusammenziehen und die vier Enden dann schräg abschneiden (13).

Karottenschleife
Von einer rohen, geschälten Karotte einen feinen Streifen abhobeln, ihn blanchieren, abschrecken und trockentupfen. In der Mitte der Länge nach einen Schnitt machen, die Enden dabei aber nicht durchschneiden (14). Das eine schmale Ende durch den Schlitz schieben (15). Die Seitenstreifen drehen sich dann von selbst zu Spiralen. Man kann das eine Ende auch zweimal durch den Schlitz schieben, dann wird die Schleife noch plastischer.

Ornament aus ausgestochenen Karottenscheiben: Zu Rauten ausgestochene Karotten- und Zucchinostücke sowie Paprikadreiecke zu einem Ornament legen.

Motiv mit Karottenkugeln: Aus einigen Schnittlauchhalmen, ausgestochenem Sellerie, Karottenkugeln und kleinen Bleichsellerieblättern eine Blume legen.

Karottenblüte auf Artischockenboden: Eine Karottenblüte auf einen Artischockenboden (Seite 32) setzen.

Karottenschleifchen auf Gurke: Die Karottenschleife auf eine kannelierte Gurkenscheibe setzen. Mit kleinen, blanchierten Gemüseperlen und ausgestochener Garniermasse verzieren.

Karotten- und Zucchinoknoten: In blanchierte, Karotten- und Zucchinostreifen einen Knoten machen.

Karottenblüte auf Artischockenboden

Karottenschleifen

Motiv mit Karottenkugeln

Karotten- und Zucchinoknoten

Karottenkrawatten

Ornament aus ausgestochenen Karottenscheiben

Muster aus ausgestochenen Karottenscheiben

Karottenschleifchen auf Gurke

Karotte 43

Radieschen und Rettich

Radieschenrose
Ein Radieschen rundherum fünfmal einschneiden. Dabei müssen sich die Schnitte etwas überlappen (1). Die Wurzel gerade abschneiden. Die Rose so lange in kaltes Wasser legen, bis sie aufgegangen ist.

Radieschenseerose
Von einem Radieschen mit einem Kannelliermesser von oben bis kurz vor den Stengelansatz acht feine Streifen abziehen (2). Die Seerose so lange in kaltes Wasser legen, bis sie aufgegangen ist.

Radieschenmaus
Ein Radieschen mit langer Wurzel (für den Schwanz) an einer Seite der Länge nach gerade abschneiden (3). Dann gegenüberliegend an einem Ende zwei schräge Schlitze hineinschneiden und zwei Radieschenstücke als Ohren hineinstecken. Zwei Löcher für die Augen bohren und zwei kleine Nelken hineinstecken (4).

Rettichspirale
Von dem geschälten Rettich die beiden Enden abschneiden. Den Dorn eines Rettichschneiders in die Mitte der einen Schnittfläche bohren und den Rettich durch gleichmäßiges Drehen des Schneidemessers in eine Spirale schneiden (5). Diese kurz in kaltes Wasser legen, damit sie aufgeht.

Rettichchrysantheme
Ein dickes Rettichstück zu einer Kugel von etwa 6 cm Durchmesser schneiden und sie oben und unten leicht abflachen. Die Kugel mit einem scharfen Messer schachbrettähnlich bis kurz vor das Ende einschneiden (6), dann in gesalzenes Wasser legen, bis sie weich ist. Anschließend die kleinen „Blütenblätter" etwas auseinanderbiegen (7). Für eine gelbe Chrysantheme dem Salzwasser etwas Safran hinzugeben.

Radieschenkrone
Das Radieschen rundherum zickzackförmig bis zur Mitte einschneiden (8) und die zwei Hälften durch Drehen voneinander lösen.

Radieschenmargerite
Ein Radieschen rundherum zwölfmal mit einem Messer bis kurz vor den Stengelansatz einritzen (9). Dann die rote Schale mit einem kleinen Messer vom weißen Fruchtfleisch bis kurz vor den Stengelansatz abschälen. Die Margerite so lange in kaltes Wasser legen, bis sie aufgegangen ist.

Rettichblüte
Einen schwarzen Rettich waschen und das Wurzelende gerade abschneiden (10). Den Rettich in feine Scheiben hobeln, sie mit Salz bestreuen und etwa 5 Minuten ruhen lassen. Dann abspülen und trockentupfen. Die Scheiben sich leicht überlappend zu einer Reihe nebeneinanderlegen (11) und dann von der zuerst gelegten Scheibe her aufrollen. Die Rolle an einer Seite mit der Hand fest zusammenhalten, ein kleines Gummiband über dieses Ende streifen und es gerade abschneiden, damit die Blüte guten Stand bekommt. Die Blütenblätter vorsichtig auseinanderziehen und dann nach unten umschlagen (12).

Radieschen mit Stern
Einen kleinen sternförmigen Ausstecher bis zur Hälfte in ein Radieschen drücken und wieder entfernen. Den Stern mit einem spitzen Messer aus dem Radieschen herauslösen.

44 Gemüse und Pilze

Radieschenkrone auf Zucchino: Die Radieschenkrone auf eine kannelierte Zucchinoscheibe setzen und mit Frischkäse oder Kräutern garnieren.

Mäuschen im Käse: Einige Radieschenmäuse herstellen und sie zusammen mit einem großen Stück Schweizer Käse anrichten.

Rettichblume: Eine Rettichspirale zu einem Ring legen. In die Mitte eine gelbe Rettichchrysantheme setzen.

Radieschenrose auf Tartelett: Ein kleines, pikantes Tartelett mit etwas Frischkäse oder Kräuterfrischkäse füllen und eine Radieschenrose darauf setzen.

Rettichblüte in der Vase: Eine Rettichblüte in ein hohes Gurkentürmchen (Seite 36) setzen. Am Türmchen vier Schlitze anbringen und zwei Gurkenstreifen als Henkel hineinstecken. An der Vase mit Aspik ausgestochene Gemüseformen befestigen.

Mäuschen im Käse
Radieschenrose
Radieschenrose auf Tartelett
Radieschenmargerite
Radieschenkrone
Radieschenkronen auf Zucchino
Radieschen mit Stern
Radieschenseerose
Rettichblume
Rettichblüte auf Zucchinosockel
Rettichblüte in der Vase

Radieschen und Rettich

Kartoffel

Kartoffelscheiben

Eine geschälte Kartoffel mit einem Messer oder einem Buntmesser in etwa ½ cm dicke Scheiben schneiden (1). Sie entweder in Salzwasser, in Rote-Bete-Saft oder in Spinatsaft bißfest kochen (2). Für den Spinatsaft frischen Spinat gut waschen und durch einen Fleischwolf drehen. Das Püree in einem Tuch fest ausdrücken und den Saft dabei auffangen. Man kann Kartoffelscheiben auch in schwimmendem Fett bei 170°C ausbacken, bis sie goldbraun sind (2).

Kartoffelpilze

Eine große Kartoffel schälen und waschen. Dann mit einem großen Kugelausstecher Kugeln herauslösen (3). Einen Apfelausstecher bis zur Mitte in die Kugel drücken und die Kartoffel mit einem Messer rund um das Ende des Ausstechers gerade abschneiden (4). Den Apfelausstecher vorsichtig aus der Kartoffel herausziehen. Die Pilze in Salzwasser bißfest kochen, dann abschrecken und abtropfen lassen. Sollen sie farbig werden, sie in Rote-Bete-Saft (rot) oder in Spinatsaft (grün) bißfest kochen.

Gefangene Kartoffel

Eine große, geschälte, rohe Kartoffel zu einem etwa 3 cm großen Würfel schneiden (5). Auf jeder Würfelseite mit einem Messer im Abstand von ½ cm von den Außenkanten ein Quadrat einritzen (6). Das Kartoffelfleisch darin herausschnitzen. An den Seiten immer weiter nach innen schnitzen und dabei das sich in der Mitte des Würfels befindende Fruchtfleisch vom äußeren Würfel abschneiden (7). Das innere Fruchtfleisch liegt dann locker im Würfel. Es zuletzt mit dem Messer vorsichtig zu einer Kugel schneiden (8). Den Kartoffelwürfel im schwimmenden Fett (180°C) ausbacken, bis er goldbraun ist.

Kartoffelbrezel

Aus einer rohen, ½ cm dicken Kartoffelscheibe mit einem Brezelausstecher eine Brezel ausstechen (9) und sie in Salzwasser bißfest garen. Sollen die Brezeln farbig werden, Rote-Bete-Saft oder Spinatsaft verwenden. Schön gelb werden die Brezeln, wenn man sie in Kurkumawasser kocht (1 Teelöffel Kurkuma auf ¼ l Wasser geben). Man kann die Brezeln auch im schwimmenden Fett bei 170°C ausbacken, bis sie goldbraun sind.

Gefangene Kartoffel im Nest

Gemüse und Pilze

Phantasieornament

Brezel-
ornament

Kartoffelpilze im Nest: Mehrere Kartoffelpilze in ein Nest aus feinen Karotten- und Zucchinoraspeln (mit etwas Zitronensaft gemischt) setzen.

Gefangene Kartoffel im Nest: Eine ausgebackene gefangene Kartoffel in ein Kressenest setzen.

Brezelornament: Mehrere blanchierte Kartoffelscheiben zu Brezeln ausstechen, ausbakken und sich leicht überlappend auslegen. Die Brezeln mit Schleifen aus rohem oder aus gekochtem Schinken garnieren.

Kleines Aquarium: Aus blanchierten Kartoffelscheiben kleine Fische ausstechen, diese in Rote-Bete-Saft oder in Spinatsaft bißfest garen und dann zu einem Fischschwarm legen. Einen Dillzweig dazulegen.

Phantasieornament: Blanchierte Kartoffelscheiben zu verschiedenen Formen ausstechen, in gefärbtem Wasser bißfest garen und dann zu einem Ornament legen.

Kartoffelsavarin: Eine blanchierte 1½ cm dicke Kartoffelscheibe zu einem Kreis von 6 cm Durchmesser ausstechen, diesen mit einem Kugelausstecher etwas aushöhlen, in Safranwasser bißfest kochen und mit Kresse füllen. Einen roten Kartoffelpilz hineinsetzen.

Kartoffelsavarin

Kartoffelpilze im Nest

Kleines Aquarium

Kartoffel

Pilze

Champignonkopf zum Füllen
Aus einem größeren Champignon den Stiel mit der Hand herausdrehen (1). Den Champignonkopf mit etwas Zitronensaft beträufeln, damit er sich nicht braun verfärbt, und ihn dann beliebig füllen.

Kannelierter Champignonkopf
Den Stiel eines festen Champignons mit einem Messer geradeschneiden. Dann von dem Kopf mit einem Kanneliermesser von der oberen Mitte aus feine Streifen abziehen (2). Den Kopf mit etwas Zitronensaft beträufeln.

Champignonscheiben
Den Stiel eines Champignons geradeschneiden. Den Pilz in gleich dicke Scheiben schneiden (3) und sie mit etwas Zitronensaft beträufeln.

Geschnitzter Champignonkopf
Den Stiel eines festen braunen Champignonkopfes gerade abschneiden. Aus dem Champignonkopf oben mit einem Messer keilförmig vier schmale Streifen herausschneiden (4), so daß ein Stern entsteht. Den Champignon mit etwas Zitronensaft beträufeln.

Champignon auf Gurkenscheibe: Eine kannelierte, schräg geschnittene Gurkenscheibe mit Spargelspitzen und einem Tomatenstreifen belegen. Einen kannelierten Champignonkopf daneben setzen.

Gefüllter kannelierter Champignonkopf: Aus einem kannelierten Champignonkopf den Stiel herausdrehen. Mit einem Spritzbeutel mit Sterntülle feine Kalbsleberwurst in den Kopf spritzen und ihn mit einem kleinen Orangenfilet (Seite 70) und einer ausgestochenen Trüffel- oder Garniermassenscheibe garnieren.

Gefüllter kannelierter Champignonkopf

Champignon auf Gurkenscheibe

48   Gemüse und Pilze

GEFÜLLTE MORCHELN

Für ca. 20 Morchelhälften

ca. 10 große, getrocknete Spitzmorcheln

6 TL sehr feines Bratwurstbrät

4 TL zubereiteter TK-Blattspinat

Salz

schwarzer Pfeffer

¼ l Geflügelfond aus dem Glas

Quellzeit:
ca. 5 Stunden
Zubereitungszeit:
ca. 25 Minuten

1. Die getrockneten Spitzmorcheln etwa 5 Stunden in kaltem Wasser quellen lassen. Sie dann unter fließendem Wasser abspülen und sorgfältig trockentupfen.
2. Inzwischen den zubereiteten Blattspinat gut ausdrücken, mit Salz und Pfeffer abschmecken und mit dem Pürierstab pürieren.
3. Den Blattspinat mit dem Bratwurstbrät mischen. Die Masse mit einem Spritzbeutel mit Lochtülle in die Morcheln geben.
4. Den Geflügelfond aufkochen lassen und die gefüllten Morcheln darin etwa 2 Minuten garen. Sie etwa 5 Minuten am Herdrand ziehen und dann im Fond erkalten lassen.
5. Die Pilze herausnehmen, vorsichtig trockentupfen und der Länge nach halbieren. Mit den Schnittseiten nach oben als Garnitur verwenden.

Kannelierter Champignonkopf auf Zucchinostern: Von einem gelben Zucchino ein großes Stück Schale abschneiden und es zu einem Stern ausstechen. Den tournierten Champignonkopf darauf setzen und mit einem Kreis aus Garniermasse verzieren.

Champignonscheibe mit Schmetterling: Für die Flügel zwei Kirschtomatenviertel auf eine größere Champignonscheibe legen. Als Fühler zwei Schnittlauchhalme anlegen.

Ornament aus Champignonscheiben: Mehrere Champignonscheiben versetzt übereinander auslegen. Aus roter, grüner und gelber Paprikaschote kleine Formen ausstechen und diese auf die Pilzscheiben legen.

Gefüllte Morcheln

Kannelierter Champignonkopf auf Zucchinostern

Ornament aus Champignonscheiben

Champignonscheibe mit Schmetterling

Pilze

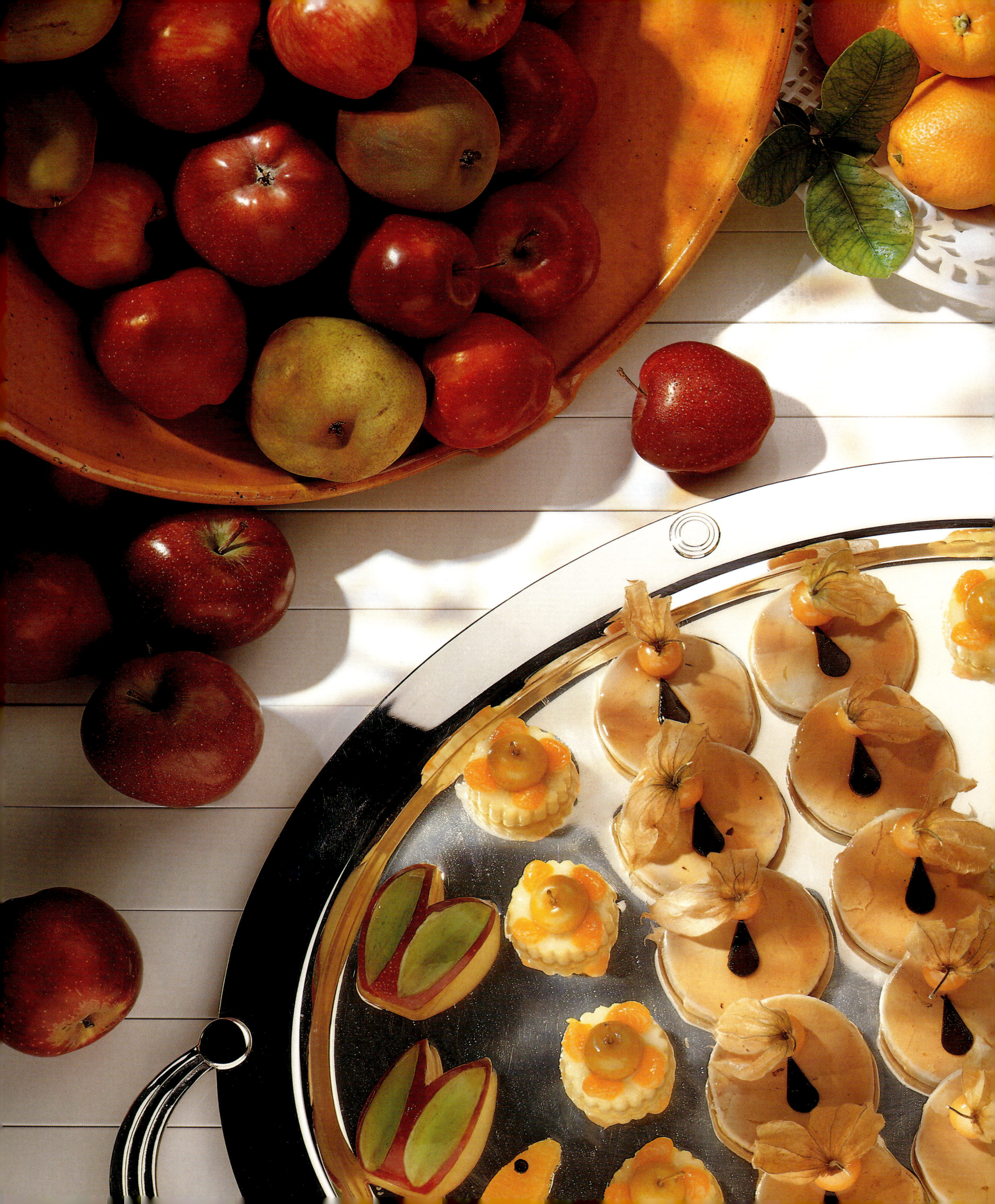

OBST

Kernobst

Apfel

Äpfel werden heute weltweit angebaut. Sie sind aber eigentlich ein typisches Obst der gemäßigten Zonen. Wachsen sie dort, hat das Fruchtfleisch eine feste Konsistenz, und das Verhältnis zwischen Zuckergehalt und Fruchtsäure ist harmonisch ausgewogen. Die frühesten heimischen Apfelsorten ernten wir ungefähr im August, wie zum Beispiel den Gravensteiner. Etwas später werden die sogenannten Winteräpfel reif, zu denen Cox Orange und Boskop gehören. Sind auf dem Markt keine frischen heimischen Äpfel erhältlich, kann man aber immer auf Importfrüchte zurückgreifen. Bei diesen stehen Delicious und Granny Smith an der Spitze der Beliebtheitsskala.
Äpfel eignen sich gut für Garnituren, man darf jedoch nicht vergessen, daß sich geschälte und geschnittene Stücke schnell braun verfärben. Dies läßt sich aber verhindern, indem man die Stücke mit etwas Zitronensaft beträufelt. Alternativ dazu kann man Apfelstücke aber auch pochieren (Seite 54) und mit etwas Aspik (Seite 87) überziehen. Neben frischen Äpfeln kann man auch Babyäpfel aus der Konserve für Garnituren nehmen.

Birne

Auch sie ist ein typisches Obst der gemäßigten Zonen, das in vielen verschiedenen Sorten auf unseren Markt kommt. Man unterscheidet zwischen den kleineren Kochbirnen, die meist sehr hart und wenig saftig sind, und den Tafelbirnen, die ein saftiges und süßes Fruchtfleisch besitzen. Zum Garnieren eignen sich nur die Tafelbirnen. Da Birnen nicht sehr lange lagerfähig sind, erhalten wir sie nur in den Herbstmonaten. In den übrigen Monaten kann man zum Garnieren aber auch einmal auf Dunstbirnen aus der Konserve zurückgreifen.

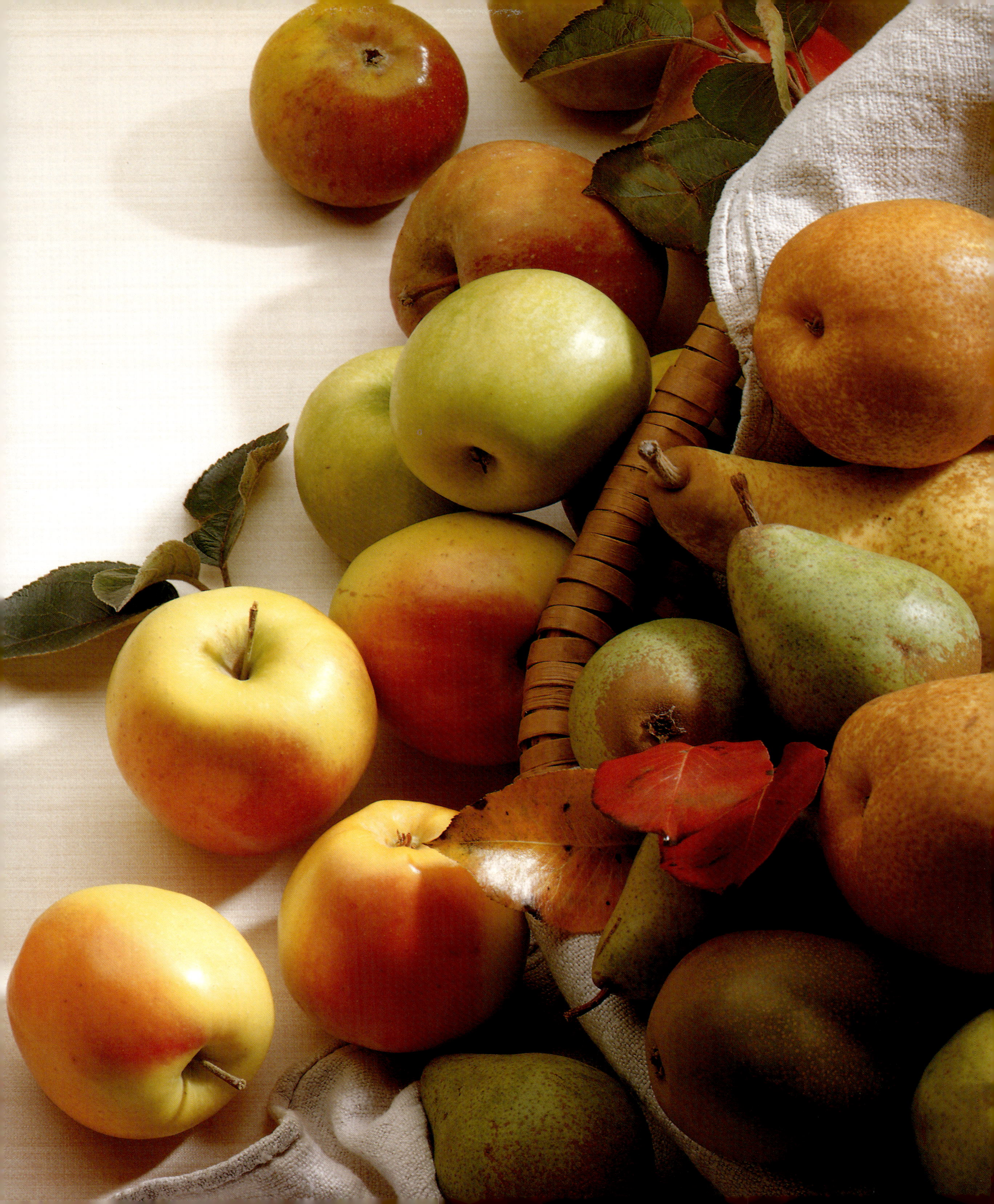

Apfel

Apfel schälen
Einen Apfel mit einem Sparschäler vom Stiel bis hin zum Blütenansatz spiralförmig schälen (1).

Apfelspalten
Aus einem geschälten Apfel das Kerngehäuse mit einem Apfelausstecher ausstechen (2) und den Apfel der Länge nach halbieren. Die Hälften der Länge nach in Spalten schneiden (3). Man kann die Frucht auch mit einem Apfelteiler in Spalten zerlegen (4).

Apfelscheiben
Für gleichmäßige Scheiben verwendet man nur das etwa gleich dicke Mittelstück eines Apfels. Dazu vom geschälten Apfel oben und unten eine dicke Scheibe abschneiden. Das verbleibende Stück quer in Scheiben schneiden und diese mit einem großen Ausstecher zu Kreisen ausstechen (5). Mit einem kleinen Ausstecher das Kerngehäuse ausstechen (6).

Apfeltürmchen
Von einem geschälten Apfel oben und unten ein Stück wegschneiden, so daß das verbleibende Mittelstück die Höhe des Türmchens hat. Das Stück mit einem glatten oder gewellten Ausstecher zu einem Kreis ausstechen. Einen kleineren Ausstecher so tief in die Mitte des Türmchens drücken, wie es ausgehöhlt werden soll (7). Ihn herausziehen und das Türmchen mit einem Kugelausstecher aushöhlen (8).

Äpfel pochieren
Da sich Apfelstücke nach längerem Stehen braun verfärben, sollte man sie für Garnituren immer pochieren und mit Aspik überziehen (Seite 87). Alternativ dazu kann man sie aber auch mit etwas Zitronensaft beträufeln. Zum Pochieren den geschälten Apfel auf die gewünschte Form zuschneiden und dann in wenig Weißwein bei milder Hitze bißfest garen. Den Weißwein noch mit etwas Zitronensaft, Zucker und einem kleinen Stück Zimtstange geschmacklich abrunden. Die pochierten Stücke im Sud erkalten und dann abtropfen lassen oder trockentupfen.

Gebackene Apfelscheiben
Zum Braten in der Pfanne die pochierten, abgetupften Apfelscheiben in etwas Mehl wenden und in Butter braten, bis sie goldgelb sind. Zum Fritieren ein Ei mit etwas Mehl verquirlen, die pochierten Scheiben darin wenden und mit Kokosraspeln, Mandelblättchen oder Mandelstiften panieren. In schwimmendem Fett bei 180°C ausbacken, bis sie goldbraun sind.

APFELTÜRMCHEN MIT AMARETTOCREME

Für 10 Apfeltürmchen

Für die Creme:

2 TL weißes Gelatinepulver

60 g Amaretti (italienische Mandelkekse)

250 g Speisequark

1 EL Amaretto

Außerdem:

10 Apfeltürmchen

Zubereitungszeit: ca. 20 Minuten

1. Die Gelatine in einer Schüssel in 3 Eßlöffeln kaltem Wasser quellen lassen. Dann die Schüssel in ein heißes Wasserbad hängen und die Gelatine unter Rühren auflösen.
2. Die Amaretti in einem Mörser fein zerstoßen und mit dem Quark und dem Amaretto glattrühren. Die aufgelöste Gelatine darunterziehen.

Anrichten

Kurz bevor die Creme beginnt zu gelieren, sie mit einem Spritzbeutel mit gezackter Tülle in die Apfeltürmchen geben.

Apfeltürmchen mit Amarettocreme und Traube: Eine blaue Weintraube oben einritzen und eine geschälte Mandel hineinstecken. Die Traube auf das mit Creme gefüllte Türmchen setzen und mehrere geröstete Mandelblättchen in die Amarettocreme stecken.

Apfeltürmchen mit Melonenkugel: Ein Apfeltürmchen etwa 4 Minuten in einem Sud aus ¼ l Weißwein, 2 Eßlöffeln Zucker, ¼ Zimtstange, etwas unbehandelter Zitronenschale und einer Messerspitze Safranpulver ziehen, dann abtropfen lassen. Auf das Türmchen eine ausgelöste Kugel von einer Cantaloupemelone (Seite 68) setzen. Das Türmchen mit ausgestochener Garniermasse verzieren.

Gebackene Apfelscheibe mit Litschi: Auf eine mit Kokosraspeln panierte, ausgebackene Apfelscheibe eine geschälte Litschi setzen. Diese mit einer grünen Cocktailkirsche garnieren. Darum herum kleine Spalten aus kandierten Kirschen legen.

Gebackene Apfelscheibe mit Backpflaume: Auf eine mit Mandelblättchen panierte, ausgebackene Apfelscheibe eine weiche Backpflaume setzen und in die Mitte eine geschälte Mandel legen. Die Apfelscheibe mit Pistazienkernen, gekochten, feinen Schalenstreifen einer unbehandelten Orange und Orangenfilets garnieren.

Apfeltürmchen mit Melonenkugel

Apfeltürmchen mit Amarettocreme und Traube

Gebackene Apfelscheibe mit Backpflaume

Gebackene Apfelscheibe mit Litschi

Apfel

Apfelschwan

Hierfür benötigt man ein ungeschältes Apfelviertel eines roten Apfels. Das Kerngehäuse ist nicht herausgeschnitten. Aus dem Viertel auf der Schalenseite etwa 3 mm von den Seitenkanten entfernt mit einem Messer ein V-förmiges Stück herausschneiden (1). Aus diesem wieder mit einem V-förmigen Schnitt ein Stück herausschneiden (2). Fortfahren, bis man in der Mitte des Apfelviertels angelangt ist, und die Schnittflächen mit etwas Zitronensaft beträufeln. Die einzelnen V-förmigen Stücke etwas versetzt wieder zu einem Viertel zusammensetzen (3). Den Hals mit einem kleinen Messer aus einem Apfelstück herausschneiden, mit etwas Zitronensaft beträufeln und in den Schwanenkörper stecken.

Apfelschiffchen

Hierfür benötigt man eine ungeschälte Hälfte eines roten Apfels. Das Kerngehäuse ist nicht herausgeschnitten. Die Hälfte auf die Schnittseite legen. In der Mitte der Hälfte mit einem Messer der Länge nach ein schmales, kurzes, V-förmiges Stück herausschneiden (4). Beiseite legen. Nun parallel zum ersten Schnitt wieder ein, nun etwas größeres, V-förmiges Stück herausschneiden. Dies noch zweimal wiederholen (5), die vier herausgeschnittenen V-förmigen Teile in der Mitte quer halbieren und mit etwas Zitronensaft beträufeln. Die einzelnen Stücke wieder, etwas zu den Seiten hin versetzt, zusammensetzen (6).

Apfelflügel

Hierfür benötigt man ein ungeschältes Apfelviertel eines roten Apfels. Das Kerngehäuse ist nicht herausgeschnitten. Mit einem spitzen Messer an einem der schmalen Enden ein dreieckiges Stück herausschneiden (7). Die Schnittfläche mit etwas Zitronensaft beträufeln. Nun aus dem Apfel mit einem Messer zwei V-förmige Stücke herausschneiden und die entstandenen Vertiefungen mit grünem Pfefferminzgelee (Seite 65) füllen (8).

Tartelett mit Babyapfel

Apfelschwan mit See

Buntes Apfelschiffchen

Apfelflügel

Orangenscheibe mit Babyapfel

Apfelschwan auf Birne

Apfelschmetterling

Apfelschwan mit See: Aspik für Obst herstellen (Seite 86). Dabei etwas Weißwein gegen Curaçao blue austauschen, damit der Aspik eine schöne blaue Farbe erhält. Den Aspik in einer flachen Schale gelieren lassen, ihn mit dem Messer zu einem „See" ausschneiden und einen Apfelschwan darauf setzen.

Buntes Apfelschiffchen: Aus einer roten und einer grünen Apfelhäfte (beide sollten gleich groß sein) je ein Apfelschiffchen herstellen. Dann die Einzelteile der Schiffchen farblich abwechselnd zu zwei bunten Schiffchen zusammensetzen.

Apfelschmetterling: Auf einen Löffelbiskuit mit einem Spritzbeutel mit Lochtülle einen Streifen aus Amarettocreme (Seite 55) spritzen. Für die Flügel vier V-förmige Apfelsegmente (siehe Apfelschwan) und für die Fühler zwei feine Streifen einer Vanilleschote hineinstecken. Für die Augen zwei kleine Stückchen einer roten Cocktailkirsche in die Creme drücken.

Apfelschwan auf Birne: Auf ein pochiertes Birnenviertel mit einem Spritzbeutel mit Sterntülle einen großen Tupfen Amarettocreme (Seite 55) spritzen. Den Apfelschwan darauf setzen.

Tartelett mit Babyapfel: Ein süßes Biskuittartelett mit Erdbeerscheiben belegen, etwas Mascarponecreme (Seite 65) darauf spritzen und einen Babyapfel darauf setzen.

Orangenscheibe mit Babyapfel: Auf eine geschälte Orangenscheibe in die Mitte einen Babyapfel setzen. Um ihn herum Amarettocremetupfen (Seite 55) spritzen und diesen mit Johannisbeeren garnieren.

Apfel

Birne

Birne schälen
Eine Birne mit einem Sparschäler vom Stiel bis zum Blütenansatz der Länge nach schälen (1).

Birnenhälfte
Eine geschälte Birne der Länge nach halbieren. Das Kerngehäuse mit einem Kugelausstecher herauslösen (2). Stiel- und Blütenansatz keilförmig herausschneiden.

Birnenfächer
Eine geschälte Birne der Länge nach halbieren, dabei auch den Stiel durchschneiden. Das Kerngehäuse mit einem Kugelausstecher entfernen. In einem Topf ¼ l Wasser mit ¼ l Weißwein und 125 g Zucker unter Rühren zu einem Sirup kochen. Die Birnenhälfte im Sirup einmal aufkochen und dann darin erkalten lassen. Die Hälfte mit einem Messer bis kurz vor den Stiel wie einen Kamm einschneiden (3) und dann mit dem Handballen etwas flach drücken, so daß sich die Scheiben wie ein Fächer entfalten.

Birne pochieren
Da sich Birnenstücke nach längerem Stehen braun verfärben, empfiehlt es sich, sie entweder mit etwas Zitronensaft zu beträufeln oder sie zu pochieren. Für letzteres die geschälten Birnenstücke in einem Sud aus Weißwein, etwas Zitronensaft, Zucker, einem Stück Zimtstange und einer Nelke bei milder Hitze bißfest garen. Die Stücke im Sud erkalten und dann abtropfen lassen. Die Birnen anschließend mit Aspik überziehen (Seite 87).

Birnen-Kiwi-Mühle

Birnenigel

Für 8 Birnenhälften

Für die Creme:
3 Eier
100 g Zucker
200 g Doppelrahmfrischkäse (z. B. Petits Suisses)

Außerdem:
250 g Waldbeeren (frisch oder tiefgekühlt)
8 pochierte Birnenhälften

Zubereitungszeit: ca. ¼ Stunde

BIRNENHÄLFTEN MIT KÄSECREME

1. Die Eier trennen. Die Eigelbe mit dem Zucker schaumig rühren. Die Eiweiße zu steifem Schnee schlagen.
2. Den Frischkäse unter die Eigelb-Zucker-Mischung rühren und den Eischnee vorsichtig darunterziehen. Die frischen Waldbeeren putzen und waschen, die Tiefkühlware nur auftauen und abtropfen lassen.

Anrichten
Die Käsecreme in die Birnenhälften spritzen und mit den Waldbeeren garnieren.

Ornament aus Birnenspalten: Eine ungeschälte Birnenhälfte in Spalten schneiden. Aus jeder Spalte auf der Schalenseite mit einem Messer ein großes, V-förmiges Stück herausschneiden. Die Spalten zusammen mit einer Kapstachelbeere arrangieren.

Birnenfächer mit Minze: Einen Birnenfächer mit einer schönen Minzespitze garnieren.

Birnen-Kiwi-Mühle: Aus einer geschälten Birnenscheibe mit einem gewellten Ausstecher einen Kreis ausstechen und ihn bißfest pochieren. Vier Kiwisechstel mit keilförmigen Schnitten zu V-förmigen Spalten schneiden (siehe Apfelschwan Seite 56) und diese zusammen mit einer Kirsche auf den Birnensockel legen.

Birnenlampion: Eine ungeschälte Birne mit einem Messer oben zickzackförmig bis zur Mitte einschneiden, die beiden entstehenden Hälften gegeneinanderdrehen und so voneinander lösen. Die untere Birnenhälfte schälen und unten gerade abschneiden. Mit einem Kugelausstecher vorsichtig aushöhlen und pochieren. Mit Waldorfsalat (Seite 72, aber für das Rezept statt Äpfeln Birnen verwenden) füllen und den Hut wieder darauf setzen.

Birnenigel: Eine pochierte Birnenhälfte auf die Schnittseite legen und mit gerösteten Mandelstiften spicken. Für die Augen zwei kleine Löcher in das Obst schneiden und kleine Rosinen hineinstecken.

Birnentürmchen mit Babyapfel: Ein ausgestochenes Birnentürmchen mit einem Babyapfel und mit Orangenstückchen garnieren.

Birnenlampion

Birnenhälfte mit Käsecreme

Birnentürmchen mit Babyapfel

Ornament aus Birnenspalten

Birnenfächer mit Minze

Exotische Früchte und Zitrusfrüchte

Ananas

Diese Südfrucht hat einen sauer-süßen, aromatischen Geschmack. Im Handel ist sie das ganze Jahr über erhältlich. Die richtige Reife ist erreicht, wenn die Ananasschale dunkel-orange bis leicht kupferfarben aussieht. Achtung: Ananas vertragen keine Kälte. Man lagert sie am besten bei etwa 18°C und achtet darauf, daß sie keine Druckstellen bekommt. Diese lassen sich vermeiden, wenn man die Ananas mit einer festen Schnur am Schopf aufhängt. Falls Sie für die Garnituren keine frischen Ananas bekommen können, nehmen Sie Ananasringe aus der Dose. Diese schmecken jedoch viel süßer als die frische Frucht.

Banane

Sie eignet sich nur bedingt für Garnituren, da sie sich bei längerem Liegen schnell braun verfärbt. Beträufeln Sie geschälte Bananen daher mit Zitronensaft, das unterbindet die Braunfärbung. Für Garnituren sollten immer reife Bananen verwendet werden, die ein weiches, hellgelbes Fruchtfleisch besitzen. Falls Sie beim Kauf noch nicht richtig reif sind, können Sie sie problemlos bei Zimmertemperatur lagern. Legen Sie sie aber nie in den Kühlschrank, denn dort werden sie leicht bitter, weil ihr Reifeprozeß unterbrochen wird.

Karambole

Die wegen ihrer schönen Form häufig auch als Sternfrucht bezeichnete Frucht ist wegen ihres Aussehens für Garnituren recht beliebt. Man verwendet aber meist nur Fruchtscheiben, die dann wie kleine Sterne aussehen. Die richtige Reife der Früchte ist erreicht, wenn das Fruchtfleisch bernsteinfarben aussieht. Der Geschmack ist dann leicht sauer und erinnert etwas an den von Stachelbeeren oder Quitten. Karambolen lassen sich nur kurz bei 8 bis 10°C lagern. Dabei werden die schmalen Längskanten der Früchte braun.

Kiwi

Die etwa eigroße Frucht wird auch als „Chinesische Stachelbeere" bezeichnet. Heute kommt sie meist aus Neuseeland das ganze Jahr über zu uns in die Geschäfte. Kiwis sind reif, wenn sie auf Fingerdruck leicht nachgeben und das Fruchtfleisch eine leuchtend grüne Farbe hat. Ihr säuerlich-aromatischer Geschmack erinnert etwas an den von Stachelbeeren. Im Gemüsefach des Kühlschranks sind Kiwis etwa zwei Wochen lagerfähig.

Limette

In gut sortierten Obstgeschäften bekommt man sie das ganze Jahr über. Diese „kleine Schwester der Zitrone" hat eine grüne Schale, die etwas dünner ist als die der Zitrone, ihr grünliches Fruchtfleisch ist aber etwas intensiver im Geschmack. Im Gegensatz zu Zitronen und Orangen sind Limetten in der Regel unbehandelt. Wegen ihrer dünnen Schale sind sie jedoch nicht sehr lange lagerfähig – sie schrumpeln leicht. Man lagert Limetten bei etwa 10°C.

Melone

Man unterscheidet grundsätzlich zwischen Wasser- und Zuckermelonen, wobei für Garnituren meist letztere verwendet werden, da Wassermelonen zuwenig Aroma haben. Von den vielen bei uns angebotenen Zuckermelonensorten ist die Cantaloupe-Melone die am meisten gekaufte. Sie besitzt eine grün-gelbe Schale und orangefarbenes, süßes Fruchtfleisch. Auch die Charantais-Melone mit der längsgerillten Schale und dem aprikosenfarbenen Fleisch und die Ogen-Melone mit grün-gelber Schale und aromatischem, grünlich-weißem Fleisch sind sehr beliebt. Den Reifegrad einer Melone bestimmt man nicht durch das Aussehen der Schale, sondern durch Druck und durch Geruch. Eine reife Melone riecht leicht nach Ananas und gibt an der dem Stielansatz gegenüberliegenden Seite auf Druck etwas nach. Gelagert werden Melonen im Gemüsefach des Kühlschranks oder in einen kühlen Raum.

Orange

Orangen mit heller Schale und orangefarbenem Fruchtfleisch sind das ganze Jahr bei uns erhältlich. Zwischen Dezember und März bekommt man im Handel zusätzlich die Blutorangen, deren Fruchtfleisch blutrot gefärbt ist. Die vielen verschiedenen Orangensorten weichen häufig im Geschmack, im Saftgehalt und in der Schalendicke voneinander ab. Reife Orangen erkennt man an ihrer druckfesten Schale. Verwenden Sie zum Garnieren die Schale, sollten Sie dafür nur unbehandelte Früchte kaufen.

Zitrone

Sie kann man das ganze Jahr über bei uns kaufen. Auch hier empfiehlt sich die Verwendung unbehandelter Früchte. Eine reife Zitrone sollte eine sattgelbe Schale besitzen. Bei Verwendung der Schale bitte nur unbehandelte Früchte nehmen.

61

Ananas

Ananas halbieren und aushöhlen
Von einer ungeschälten Ananas mit einem schönen Schopf der Länge nach einen großen Deckel abschneiden (1). Den Schopf an der Frucht belassen oder ihn halbieren. Die Schnittfläche im Abstand von etwa 2 cm vom Rand mit einem Messer einschneiden und das Fruchtfleisch mit einem gebogenen Grapefruitmesser oder einem Eßlöffel herauslösen (2). Die Ananas beliebig füllen.

Ananas schälen
Von einer Ananas den Schopf und den Boden mit einem großen Messer gerade abschneiden. Dann die braune Schale mit einem scharfen Messer in schmalen Streifen 1½ cm dick abschneiden (3). Die kleinen braunen Außenstrünke entfernen, indem man sie mit keilförmigen Schnitten, die der Anwuchslinie folgen, herausschneidet (4).

Ananasscheiben
Eine geschälte Ananas mit einem großen Messer quer in 1½ bis 2 cm dicke Scheiben schneiden. Den harten Mittelstrunk der Scheiben mit einem kleinen, runden Ausstecher ausstechen (5). Man kann auch aus einer ungeschälten Ananas Scheiben herstellen. Dazu von der Frucht den Schopf und den Boden abschneiden und sie dann quer in etwa 2 cm dicke Scheiben schneiden. Die äußere Schale mit einem großen, runden (6) und den Innenstrunk mit einem kleinen, runden Ausstecher entfernen.

Gebackene Ananasscheiben
Ananasscheiben zunächst in Mehl wenden und durch ein verquirltes Ei ziehen. Dann in Kokosflocken oder Mandelblättchen wenden. In schwimmendem Fett bei 180°C ausbacken, bis die Panade goldgelb ist.

Ananasinsel
Eine ungeschälte Ananas mit einem schönen Schopf unten geradeschneiden und sie schälen. Dabei unten ein Stück Schale für den Fuß stehen lassen (7). Dann das Fruchtfleisch mit einem Messer bis zum harten Mittelstrunk abschneiden (8), auch hier unten den Fuß stehen lassen. Das Fruchtfleisch grob würfeln und beiseite legen. Auf die gleiche Weise eine zweite Palme herstellen. Einige blaue Weintrauben mit Nadeln oder kleinen Spießchen an den Blättern und an den oberen Strunkenden befestigen. Die Palmen auf eine flache Platte setzen, das beiseitegelegte Fruchtfleisch darumherum legen und eventuell mit etwas Kirschlikör beträufeln (Garnitur: Seite 64).

Bunte Ananasscheibe

Ornament aus Ananasstücken

**Gebackene Ananas-
scheibe mit Früchten**

Ananasblume: Von einer geschälten Ananas das Fruchtfleisch in einer etwa 2 cm breiten Spirale dünn abschälen. Die Spirale zusammenrollen und in das Loch einer Ananasscheibe setzen. Die Scheibe mit Angelika(Engelwurz-)-rauten und Erdbeervierteln garnieren.

Ornament aus Ananasstücken: Vier Ananasscheibenviertel zu einer Reihe legen. Jedes Viertel mit einem Erdbeerviertel, einem Pinienkern, zwei roten Pfefferkörnern und einem Melisseblättchen garnieren.

Gebackene Ananasscheibe mit Früchten: In die Mitte einer mit Kokosraspeln panierten und gebackenen Ananasscheibe eine rote Cocktailkirsche mit Stiel setzen. Blaue und grüne Weintrauben der Länge nach einschneiden, um die Kirsche legen und in die Schlitze kleine Mandarinenfilets stecken.

Bunte Ananasscheiben: Pfefferminzgelee (Seite 65) und Mascarponecreme (Seite 65) herstellen. Eine vollständig ausgehöhlte, ungeschälte Ananashälfte mit der einen langen Seitenfläche auf gestoßenes Eis legen und ganz dünn mit etwas Mascarponecreme ausstreichen. Das noch flüssige Pfefferminzgelee hineinfüllen und fest werden lassen. Inzwischen Erdbeergelee (Seite 65) herstellen. Die Ananashälfte auf die andere Seitenfläche legen, das noch flüssige Erdbeergelee hineinfüllen und fest werden lassen. In die verbleibende Lücke in der Ananas die restliche Mascarponecreme füllen. Die Ananas kühl stellen, bis die Füllung fest ist, dann quer in etwa 2 cm dicke Scheiben schneiden.

Ananasblume

Ananasschmetterling: Aus zwei Ananasscheibenvierteln jeweils an den äußeren Seiten eine kleine Ecke herausschneiden. Die Stücke rechts und links neben eine Erdbeerhälfte legen und mit Scheiben von roten Cocktailkirschen und Pfefferkörnern garnieren. Zwei feine Vanilleschotenstreifen als Fühler an die Erdbeerhälfte stecken.

Ananasschmetterling

Ananas

ANANASSCHALE MIT EXOTISCHEM OBSTSALAT

Für 1 Ananasschale

Für den Salat:

1 Baumtomate (Tamarillo)
1 Babyananas
1 Kiwi
1 Papaya
8 Litschis
1 Karambole
1 Mango
1 Msp. Cayennepfeffer

1. Die Baumtomate, die Babyananas und die Kiwi schälen. Die Papaya schälen, halbieren und die Kerne herauskratzen. Die Litschis schälen und den Stein entfernen. Das so verbreitete Obst zusammen mit der Karambole in gleichmäßig dicke Scheiben schneiden. Aus der Papaya kann man auch kleine Kugeln ausstechen.
2. Die Obststücke mit Cayennepfeffer und Kardamom würzen. Den Pernod, den Zuckersirup, das Rosenwasser und den Limettensaft darübergeben.
3. Die Mango schälen. Das Fruchtfleisch vom Stein abschneiden, würfeln, im Mixer pürieren und unter die Obststücke heben.

Anrichten

Das Obst in die Ananasschale füllen oder getrennt nach Sorten hineinschichten und mit den Melisseblättchen garnieren.

1 Msp. Kardamom
1 Spritzer Pernod
4 cl Zuckersirup
1 Spritzer Rosenwasser
Saft von 1 Limette

Außerdem:

1 ausgehöhlte Ananas
einige Blättchen Zitronenmelisse

Zubereitungszeit: ca. 20 Minuten

Ananasschale mit exotischem Obstsalat

Ananasinseln

Banane

BUNTE BANANENSCHEIBEN

Für 4 Bananen

4 feste, reife Bananen

Für das Pfefferminzgelee:

1 Blatt weiße Gelatine

50 ml trockener Weißwein

1 EL Zucker

1 cl Pfefferminzlikör

1 EL Pfefferminzblätter in feinen Streifen

Für die Mascarponecreme:

1 Blatt weiße Gelatine

3 EL Mascarpone

abgeriebene Schale von ½ unbehandelten Orange

1 Eigelb

1 EL Zucker

40 g geschlagene Sahne

1. Von den Bananen, an den nach innen gewölbten Seiten je einen schmalen Schalenstreifen abschneiden und aufheben. Die Bananen mit einem Kugelausstecher vorsichtig vollständig aushöhlen. Das Fruchtfleisch nicht weiterverwenden.
2. Für das Pfefferminzgelee die Gelatine etwa 10 Minuten in kaltem Wasser quellen lassen. Dann ausdrücken und in 2 Eßlöffeln heißem Wein auflösen. Den Zucker mit dem restlichen Wein, dem Pfefferminzlikör und den Pfefferminzblättchen verrühren und die aufgelöste Gelatine durch ein Sieb hinzugeben.
3. Das etwas abgekühlte, aber noch flüssige Pfefferminzgelee in die Bananenschalen füllen (diese sollten zu etwa einem Drittel gefüllt sein). 1 Stunde kühl stellen.
4. Für die Mascarponecreme die Gelatine etwa 10 Minuten in kaltem Wasser quellen lassen. Die Mascarpone durch ein feines Sieb streichen und mit der Orangenschale, dem Eigelb und dem Zucker verrühren.
5. Die Gelatine ausdrücken, in 2 Eßlöffeln heißem Wasser auflösen und unter die Mascarponecreme rühren. Die Sahne darunterheben, die Creme in die Bananen füllen und in 1 Stunde im Kühlschrank fest werden lassen.
6. Für das Erdbeergelee die Gelatine etwa 10 Minuten in kaltem Wasser quellen lassen. Dann ausdrücken und in 2 Eßlöffeln heißem Wein auflösen.
7. Die pürierten Erdbeeren mit dem Zucker und dem restlichen Wein verrühren. Die aufgelöste Gelatine und die Erdbeerstückchen dazugeben. Das etwas abgekühlte, aber noch flüssige Gelee in die Bananen füllen, die gefüllten Bananenschalen mit den beiseitegelegten Schalenstreifen verschließen und alles in etwa 1 Stunde im Kühlschrank fest werden lassen.
8. Wenn das Erdbeergelee fest ist, die Bananen quer in Scheiben schneiden.

Für das Erdbeergelee:

1 Blatt weiße Gelatine

50 ml trockener Weißwein

1 EL Erdbeerpüree

1 EL Zucker

1 TL kleine Erdbeerstückchen

Zubereitungszeit: ca. ¾ Stunden
Kühlzeit: ca. 3 Stunden

Karambole und Kiwi

Karamboleboden und -scheiben
Eine gewaschene Karambole mit einem Messer quer in etwa 1 cm dicke Scheiben schneiden (1) und diese mit etwas Zitronensaft beträufeln, damit sie sich nicht braun verfärben. Die beiden Endstücke (2) kann man gut als kleine Böden nehmen.

Kiwikrone
Eine ungeschälte Kiwi mit einem Messer zickzackförmig bis zur Mitte einstechen, die beiden Hälften gegeneinanderdrehen und so voneinander lösen (3). Die Unterseiten der Kronen geradeschneiden.

Kiwi schälen
Eine Kiwi mit einem Sparschäler spiralförmig schälen (4).

Kiwischeiben
Eine geschälte Kiwi mit einem Messer in ½ bis 1 cm dicke Scheiben schneiden. Dies kann man sowohl quer zum Stielansatz (5) als auch in der Längsrichtung (6) machen.

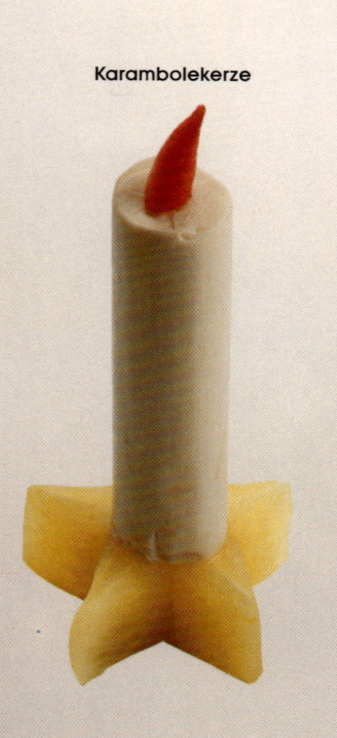

Karambolekerze

Kiwiblüte

66 Obst

Karambolestern: Einige Maiskörner aus der Dose in einen großen Kugelausstecher geben, etwas flüssigen Aspik (Seite 86) angießen und alles in etwa 1 Stunde im Kühlschrank fest werden lassen. Den Kugelausstecher ganz kurz bis zur Hälfte in heißes Wasser halten und so die Aspikhalbkugel herauslösen. Zwei Karambolescheiben versetzt übereinanderlegen. Aus enthäuteten roten und grünen Paprikastücken (Seite 34) kleine Dreiecke ausschneiden und diese auf die Karambolezacken legen. In die Mitte die Aspikhalbkugel legen.

Ornament aus Karambolescheiben

Karambolestern

Karambolescheibe mit Kiwikrone: Eine Kiwikrone auf eine Karambolescheibe setzen. Aus ½ Teelöffel Doppelrahmfrischkäse mit den Händen eine Kugel formen, sie in edelsüßem Paprikapulver wälzen und auf die Kiwikrone setzen.

Ornament aus Karambolescheiben: Vier Karambolescheiben sich leicht überlappend in eine Reihe legen. Zwei frische Litschis von oben zur Hälfte einschneiden, so daß der Kern sichtbar ist. Von zwei Kapstachelbeeren die pergamentähnliche Hülle ein wenig nach unten ziehen. Litschis und Kapstachelbeeren auf die Karambolescheiben legen.

Karambolekerze: Auf eine Karambolescheibe ein langes Stück Palmherz stellen. Eine halbierte rote Piri-Piri-Schote darauf legen.

Ornament aus Kiwischeiben: Zunächst einige runde, geschälte Kiwischeiben mit zu kleinen Kreisen ausgestochenen Kakischeiben und halbierten Weintrauben belegen und sich leicht überlappend in einer Reihe anordnen. Dann einige ovale, geschälte Kiwischeiben ebenfalls mit Kaki und Trauben belegen und sich leicht überlappend an die erste Obstreihe legen.

Kiwiblüte: Eine geschälte Kiwi der Länge nach in Spalten schneiden, ebenso eine geschälte Pfirsichhälfte. Die Spalten im Wechsel zu einer Blüte legen. Von einer geschälten Papaya mit einem Sparschäler der Länge nach einen etwa 1 cm breiten, dünnen Streifen abschälen. Diesen zu einem Röschen drehen und in die Mitte der Blüte legen.

Karambolescheibe mit Kapstachelbeere

Ornament aus Kiwischeiben

Karambolescheibe mit Kiwikrone

Karambole und Kiwi 67

Melone

Melone halbieren und entkernen
Eine Melone mit einem großen Messer quer halbieren. Die Kerne mit einem Eßlöffel herausnehmen (1). Die Hälften an den Unterseiten geradeschneiden, damit sie Stand bekommen, und dann beliebig füllen.

Melonenkrone
Eine Melone mit einem spitzen Messer rundherum zickzackförmig bis zur Mitte einschneiden. Die zwei Hälften leicht gegeneinanderdrehen und so voneinander lösen (2). Die Kerne mit einem Löffel herausnehmen, die Melonenhälften unten geradeschneiden und beliebig füllen.

Melonenkorb
Eine Melone von oben zweimal zu einem Drittel einschneiden. Sie dann, ausgehend von den Schnittenden, mit einem Messer rundherum zickzackförmig bis zur Mitte einschneiden (3) und die zwei seitlichen Stücke entfernen. Das sich am Henkel befindende Fruchtfleisch bis auf ½ bis 1 cm abschneiden, die Kerne im Korb mit einem Löffel herausnehmen und ihn unten geradeschneiden. Den Korb beliebig füllen.

Melonenspalten
Eine Melone mit einem großen Messer der Länge nach in sechs oder acht Spalten schneiden. Die Kerne mit einem Löffel entfernen (4). Möchte man die Spalten als solche servieren, das Fruchtfleisch mit einem gebogenen Grapefruitmesser von der Schale abschneiden (5), es auf der Schale liegen lassen und mit einem Messer oder Buntmesser quer in mundgerechte Stücke schneiden (6).

Melonenkugeln
Einen Kugelausstecher sehr tief in das Fruchtfleisch einer halbierten, entkernten Melone drücken und daraus unter Drehen kleine Kugeln herauslösen (7).

68 Obst

Gefüllter Melonenkorb

Melonentraube

Melonenstar

„Cassata" von Melone

Gefüllter Melonenkorb: 150 g abgetropfte Senffrüchte aus dem Glas mit einigen Melonenkugeln und 2 cl Portwein mischen und in einen Melonenkorb füllen. Den Henkel wie folgt garnieren: Halbierte, kleine blaue Weintrauben mit flüssigem Aspik (Seite 86) auf dünne Kumquatscheiben heften und diese, ebenfalls mit Aspik, auf dem Henkel befestigen.

Melonenstar: Von einer Melone mit Zickzackschnitten einen recht kleinen Deckel abschneiden und ihn an der Schalenseite geradeschneiden, damit er gut steht. In die Mitte eine Tomatenrose (Seite 24) setzen und diese mit Minzeblättern garnieren. Zwischen die Zacken des Melonendeckels kleine herausgelöste Kugeln aus einer Wassermelone setzen.

Melonentraube: Aus Melonenkugeln eine kleine Traube legen und einen Stiel aus kandierter Angelika (Engelwurz) anlegen.

„Cassata" von Melone: Eine entkernte Melonenhälfte mit folgenden Aspiks nacheinander füllen: Aspik für Obst (Seite 86), mit Himbeersirup rot gefärbt, Aspik für Obst und Aspik für Obst, mit Mokkalikör braun gefärbt. Beim Füllen die gleiche Vorgehensweise anwenden, wie im Rezept „Bunte Bananenscheiben", Seite 65 beschrieben, damit die Schichten nicht ineinanderlaufen. Ist die geschichtete Füllung fest, die Melone mit einem großen Messer in etwa 1½ cm dicke Scheiben schneiden. Diese mit kleinen Obststückchen (Trauben, Kapstachelbeeren und ähnlichem) belegen.

Melone

Zitrone und Orange

Zitrusfrüchte kannelieren und in Scheiben schneiden
Von einer Frucht mit einem Kanneliermesser schmale Schalenstreifen abziehen (1). Die kannelierte Frucht anschließend in dünne Scheiben schneiden (2).

Zitronen- oder Orangenkörbchen
Aus einer Zitrone oder Orange oben zwei Ecken herausschneiden und das Körbchen unten geradeschneiden (3). Das Fruchtfleisch am Henkel und im Körbchen mit einem Löffel herausschaben und das Körbchen füllen.

Zitronenrotor
Von einer Zitrone oben etwa ein Drittel abschneiden und das Unterteil unten geradeschneiden (4). Das kleinere Stück nicht verwenden. Das größere Stück an der Schnittfläche fünfmal senkrecht zur Hälfte einschneiden (5). Dann, ausgehend von einem Schnitt, einen zweiten, schräg nach unten verlaufenden Schnitt machen, der bis zum unteren Ende des nächsten senkrechten Schnittes verläuft (6). Dies noch viermal wiederholen und die dabei abgeschnittenen Ecken entfernen.

Spalten mit Schale
Orangen oder Zitronen mit einem Messer der Länge nach halbieren und dann in Spalten schneiden (7).

Orangenfilets
Eine Orange sorgfältig schälen, dabei auch die weiße Haut vollständig abschneiden (8). Mit einem scharfen Messer jeweils neben den Zwischenhäuten bis zur Orangenmitte einschneiden und die Filets herauslösen (9).

Zitronenrotor

70 Obst

Zitronenkörbchen mit Preiselbeer-Sahne-Meerrettich: Für die Füllung ½ Teelöffel Preiselbeeren aus dem Glas abtropfen lassen und mit 1 Messerspitze Meerrettich mischen. ½ Eßlöffel geschlagene Sahne darunterheben und die Creme in das Körbchen füllen. Mit einigen Preiselbeeren garnieren.

Orangenscheibe mit Backpflaume: Eine Scheibe einer sorgfältig geschälten Orange mit einer Backpflaume belegen und ringsherum rote Johannisbeeren setzen.

Pfiffige Zitronenspirale: Die Schale von einer unbehandelten Zitrone mit einem Kanneliermesser spiralförmig abziehen. Aufpassen, daß sie nicht reißt. Die noch an der Zitrone hängende Spirale in eine dekorative Form legen.

Gefülltes Orangenkörbchen: Von einer Orange mit dicker Schale mit einem Zestenreißer von oben bis zum unteren Drittel feine Schalenstreifen abziehen und an der Frucht belassen. Die Orange zu einem Korb schneiden und ihn aushöhlen. Die an der Frucht hängenden Schalenstreifen zu Locken formen und einen weiteren Schalenstreifen als Schleife am Henkel befestigen. Den Korb mit Fruchtcocktail füllen.

Orangenscheibe mit Blattgold: Die Scheibe einer sorgfältig geschälten Orange mit einer Backpflaume belegen und diese mit Blattgold bestreuen.

Orangenscheibe mit Blattgold

Gefülltes Orangenkörbchen

Zitronenkörbchen mit Preiselbeer-Sahne-Meerrettich

Pfiffige Zitronenspirale

Orangenscheibe mit Backpflaume

Zitrone und Orange

ORANGENKÖRBCHEN MIT WALDORFSALAT

Für 8 Körbchen

Für den Salat:

250 g säuerliche Äpfel (z. B. Boskop)

250 g Knollensellerie

250 g Ananasstückchen aus der Dose

Saft von ½ Zitrone

100 g Mayonnaise

1. Die Äpfel schälen, vierteln, von den Kerngehäusen befreien und in feine Streifen schneiden. Den Sellerie schälen, waschen und ebenfalls in feine Streifen schneiden. Beides mit den gut abgetropften Ananasstücken und dem Zitronensaft mischen.
2. Die Mayonnaise mit dem Eierlikör verrühren und mit Salz, Pfeffer und Zucker pikant abschmecken. Das Dressing unter den Salat heben.

Anrichten
Den Salat in die Orangenkörbchen füllen und mit den gehackten Walnüssen garnieren.

2 cl Eierlikör

Salz

weißer Pfeffer

Zucker

Außerdem:

8 Orangenkörbchen

100 g gehackte Walnußkerne

Zubereitungszeit: ca. ¼ Stunde

Orangenkörbchen mit Waldorfsalat

Orangenblume

Zitronensegelschiff

Limettenspalte mit Rauten

Zitronensegelschiff: Einen dünnen Cornichonstreifen auf ein Holzspießchen stecken. Eine Zitronenspalte auf eine Limettenscheibe legen und mit dem bestückten Spießchen darauf befestigen. Oben auf das Spießchen eine Kaper stecken.

Orangenblume: Aus Orangenfilets, Limettenfilets, einem Angelika-(Engelwurz-)streifen und halbierten Pistazienkernen eine Blume legen. Diese mit Trüffelstückchen oder etwas schwarzer Garniermasse belegen.

Orangenfilets mit Kirsche

Limettenspalte mit Rauten: Aus einem Angelika-(Engelwurz-)streifen zwei Rauten ausschneiden und sie neben eine Limettenspalte oder neben ein Limettenfilet legen.

Orangenfilets mit Kirsche: Drei Orangenfilets mit einer Cocktailkirsche mit Stiel garnieren.

Lachsblume: Zwei Räucherlachsscheiben zu zwei Rosetten formen und diese an einen gezweigten Stengel glatter Petersilie legen. Unten zwei Limettenfilets anlegen.

Limettenfilet mit Rauten

Lachsblume

Zitrone und Orange

BUTTER, EIER, KÄSE UND ASPIK

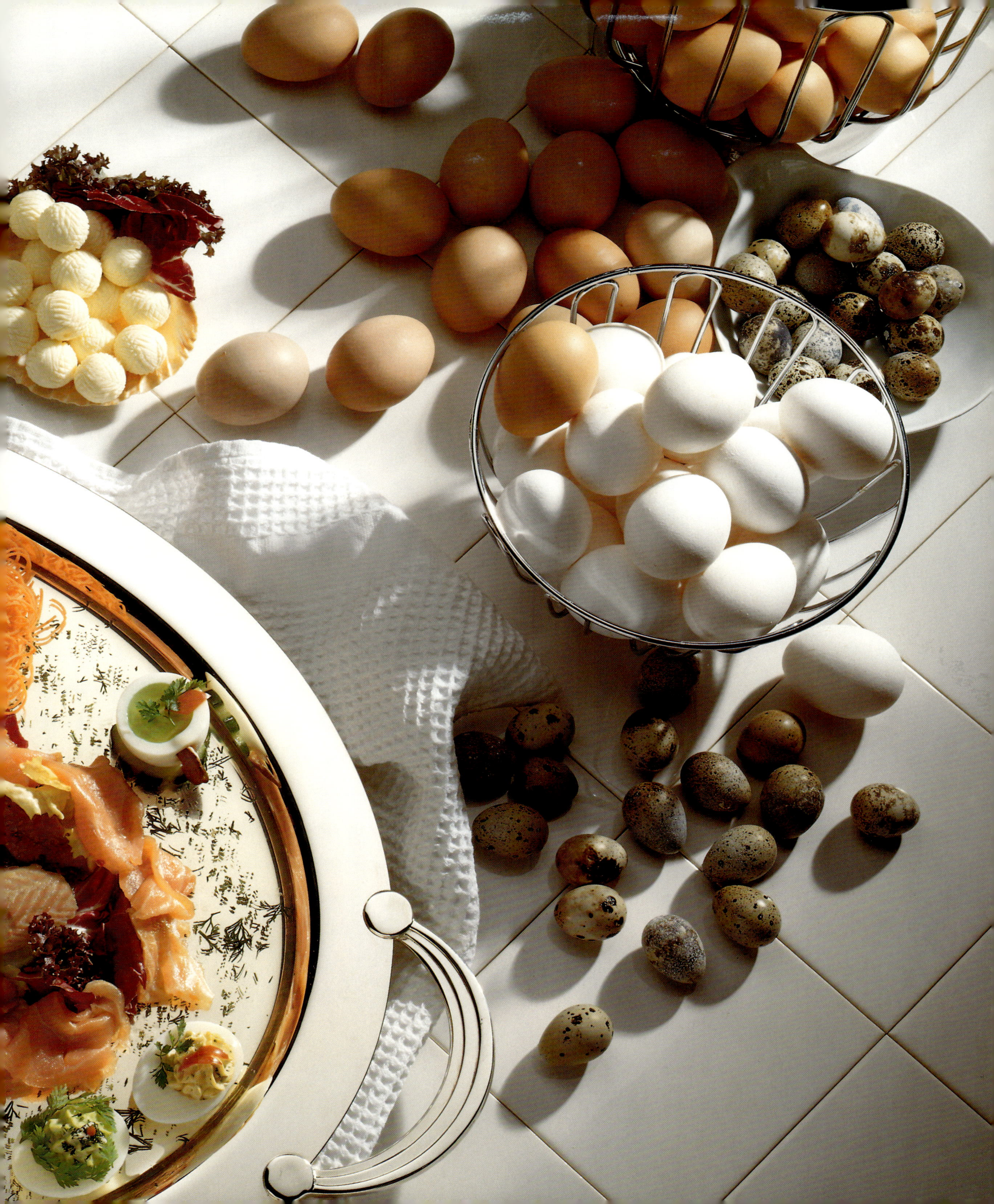

Butter, Eier, Käse und Aspik

Butter

Sie zählt zu den Milchprodukten und wird aus frischer oder aus gesäuerter Sahne hergestellt. Je nach verwendeter Sahne entsteht dann Süßrahm- oder Sauerrahmbutter. Im Handel findet man neben diesen Sorten auch gesalzene und bereits gewürzte Butter (Kräuterbutter, Knoblauchbutter). Für Garnituren kann man alle Sorten verwenden, wichtig ist nur, daß die Butter auch nach längerem Stehen nicht zu schnell weich wird.

Eier

Unter Eiern versteht man gemeinhin Hühnereier, die bei uns in sieben Gewichtsklassen von 45 bis über 70 g angeboten werden. Neben Hühnereiern sind auch Wachteleier, die nur etwa ein Drittel so groß sind wie Hühnereier und eine schöne braun-gesprenkelte Schale haben, zum Garnieren geeignet.
Durch eine Schwimmprobe läßt sich die Frische eines Eis ganz einfach bestimmen: Man legt das Ei in einen großen, mit Wasser gefüllten Becher. Bleibt es am Becherboden liegen, ist es noch sehr frisch. Ist das Ei etwa 10 Tage alt, hat sich seine Luftkammer im Inneren etwas vergrößert. Das Ei stellt sich daher im Wasser mit dem leicht abgeflachten Ende schräg nach oben. Noch ältere Eier stehen im Wasserbad ganz senkrecht oder schwimmen sogar an der Wasseroberfläche.
Für Garnituren verwendet man stets hartgekochte Eier. Diese werden vor dem Kochen mit einem Eierpikser angestochen, damit sie nicht platzen. Hühnereier kocht man etwa 10 Minuten, Wachteleier nur etwa 5 Minuten. Dann sind sie ausreichend hart. Anschließend werden sie sofort abgeschreckt, damit sie sich besser schälen lassen.

Käse

Er gehört in die Gruppe der Milchprodukte. Für Garnituren wie kleine Spießchen oder ausgestochenen Käse eignen sich besonders die Hartkäse- (zum Beispiel Emmentaler, Greyerzer und Cheddar) und die Schnittkäsesorten (zum Beispiel Gouda und Edamer), da sie eine feste Konsistenz besitzen. Geschnitten wird der Käse am besten mit einem speziellen Käsemesser oder, noch besser, mit einem Schneidedraht. Käse lagert man am besten unter einer Käseglocke in einem kühlen Raum oder in Pergamentpapier eingewickelt im Kühlschrank. Man sollte ihn aber immer etwa 1 Stunde vor dem Verzehr aus dem Kühlschrank nehmen, damit sich sein Aroma entfalten kann.

Aspik

Aspik läßt sich auf verschiedenste Weise für Garnituren verwenden. So zum Beispiel zum Überziehen von fertigen Garnituren, zum Ausgießen von Silberplatten, damit sie beim späteren Abnehmen der Speisen nicht verkratzt werden, oder auch zum Haltbarmachen von Garniturteilen, wie zum Beispiel von Apfelscheiben. Wichtig ist dabei nur, daß der Geschmack des Aspiks auf die anderen Zutaten (Garnituren, Plattenbelag) abgestimmt ist. Die Grundzutat eines Aspiks ist entweder Wein, eine entfettete und geklärte Brühe oder ein Fond. Damit die Flüssigkeit gelieren, das heißt fest werden kann, benötigt man Gelatine (in Blättern oder in Pulverform, dann auch häufig Aspikpulver genannt, im Handel). Je nach kälterer oder wärmerer Jahreszeit verwendet man zum Gelieren etwas weniger oder etwas mehr Gelatine, damit der fertige Aspik auch nach längerem Stehen nicht weich wird. Möchten Sie den Aspik einfärben (besonders für bunte Füllungen geeignet, siehe „Bunte Bananenscheiben", Seite 65, oder „Cassata von Melone", Seite 69), dann ersetzen Sie, je nach gewünschter Färbung, ein wenig der Flüssigkeit durch farbige Liköre oder Sirupe. Curaçao blue färbt blau, Mokkalikör braun, Himbeersirup rot, Pfefferminzlikör grün.

Warenkunde: Butter, Eier, Käse und Aspik 77

Butter

Butterkugeln
Die Halbkugel eines Kugelausstechers in heißes Wasser tauchen. Sie dann auf die nicht zu harte Butter drücken und das Gerät gleichmäßig um die eigene Achse drehen (1). Die so herausgelösten Kugeln kurz in den Kühlschrank legen. Dann auf einem kleinen Teller anrichten.

Butterröllchen
Ein 250-g-Stück Butter auf seine eine lange, schmale Seite legen. Die schmale Seite eines Butterschneidegerätes kurz in heißes Wasser tauchen und dann unter leichtem Druck über die Oberkante der Butter ziehen (2). Die entstehenden Rollen kurz in den Kühlschrank legen, dann auf einem kleinen Teller anrichten.

Butter ausstechen
Die Butter mit einem kurz in heißes Wasser getauchten Messer in etwa ½ cm dicke Scheiben schneiden. Diese mit verschiedenen Ausstechern zu Motiven ausstechen (3), kurz in den Kühlschrank legen und dann auf einem Teller servieren.

Modelformen
Für das Formen der Butter mit Modeln kann man gut die übriggebliebenen Butterstückchen von anderen Buttergarnituren verwenden. Die Modeln kurz in kaltes Wasser legen und dann mit zimmerwarmer Butter füllen. Die Motive mit dem Schlegel des Models aus diesem herausdrücken (4), sie kurz in den Kühlschrank legen und dann auf einem kleinen Teller anrichten.

Butterrose
Für vier Rosen benötigt man etwa 500 g Butter. Diese Menge ist reichlich bemessen, da beim Spritzen erfahrungsgemäß immer etwas „Abfall" entsteht. Die zimmerwarme Butter mit einem Handrührgerät cremig rühren, dann in einen Spritzbeutel mit Flachtülle füllen. Einen Sektkorken mit Alufolie verkleiden und mit einer Nadel auf eine feste, gutstehende Frucht (zum Beispiel einen Apfel) stecken. Beginnend an der Oberseite des Korkens mit der Tülle kleine Blütenblätter auf den Korken spritzen (5). Den Korken bei jedem Blatt ein wenig drehen. Die Blätter werden jeweils von rechts nach links mit einer leichten Wellenbewegung gespritzt. Die fertige Rose zusammen mit dem Untersatz in den Kühlschrank stellen, bis sie fest ist. Sie dann vom Korken lösen und auf einem Teller anrichten.

Butterlockenbaum
Ein größeres Stück weiche Butter mit Hilfe eines feuchten Pergamentpapiers zu einem Kegel rollen (6). Ihn unten geradeschneiden und aufrecht hinstellen. Mit der schmalen Seite eines kurz in heißes Wasser getauchten Butterschneidegerätes vom Kegel von unten nach oben rundherum kleine Locken abziehen, die aber noch daran befestigt sind (7).

Butterlockenbaum

Gelegter Butterbaum

Gelegter Butterbaum: Aus einer großen, ½ cm dicken Butterplatte mit einem Messer einen Stamm ausschneiden, ihn auf einen großen Teller legen und eventuell mit etwas Bratensauce bestreichen. Aus etwa ½ cm dicken Butterscheiben mit einem Ausstecher kleine Blätter ausstechen und diese wie eine Baumkrone oben an den Stamm legen. Diesen unten mit etwas Kresse garnieren.

Ornament aus Modelformen

Butterröllchen in der Muschel

Butterrosen

Brezelblume: Aus etwa ½ cm dicken Butterscheiben mit einem Ausstecher kleine Brezeln ausstechen und diese aufrecht als Ring auf einen Teller setzen. In die Mitte einen Kressetuff setzen.

Butterröllchen in der Muschel: Mehrere Butterröllchen und -kugeln in einer unteren Jacobsmuschelhälfte anrichten.

Ornament aus Modelformen: Drei kleine Trevisoblätter (wilder Radicchio) zu einem Stern legen. Ersatzweise normalen Radicchio nehmen. In die Mitte ein Häufchen aus feinen Orangenschalenstreifen (Julienne) geben und drei mit Modeln geformte, runde Butterstücke jeweils zwischen die Salatblätter legen.

Brezelblume

Butter 79

Eier

Eischeiben
Ein hartgekochtes Ei pellen und mit einem Scheibenschneider in Scheiben schneiden (1). Je nachdem, wie man das Ei in das Schneidegerät legt, erhält man runde oder ovale Scheiben.

Eisechstel
Ein hartgekochtes Ei pellen und mit einem Sechstelschneider zerteilen (2).

Eihälften zum Füllen
Ein hartgekochtes Ei pellen und mit einem Messer der Länge nach halbieren (3). Die Eigelbe herauslösen und für die Füllung verwenden (Rezepte, Seite 82). Die Eiweißhälften mit Wasser ausspülen, abtropfen lassen und an den Unterseiten geradeschneiden. Mit einem Spritzbeutel mit Sterntülle eine Eigelbcreme in die Eiweißhälften füllen (4). Man kann hartgekochte Eier auch quer halbieren (5). Anschließend weiterverfahren, wie oben beschrieben.

Ausgestochenes Eiweiß
Ein großes, hartgekochtes Ei pellen und mit einem Scheibenschneider in ovale Scheiben schneiden. Die Eigelbe herauslösen und eventuell für eine Füllung weiterverwenden. Aus dem Eiweiß mit kleinen Ausstechern Motive ausstechen (6) und diese zu Ornamenten legen.

Belegte Eischeiben

Garnierte Eisechstel

Eierfächer

80 Butter, Eier, Käse und Aspik

Ornament mit Eiweißstücken: Ausgestochene Formen aus Eiweiß, roter, grüner und gelber Paprikaschote und Trüffel oder schwarzer Garniermasse zu einem Ornament legen. Mit Kerbel garnieren.

Belegte Eischeibe: Eine runde Eischeibe mit einem Ring aus Scheiben von einer gefüllten Olive belegen. In die Mitte eine halbe Kirschtomate setzen.

Eischeiben mit Paprika: Aus zwei Eischeiben kleine Dreiecke ausstechen und in die Löcher gleich große Paprikadreiecke legen. In die Mitte eine kleine Scheibe aus Trüffel oder schwarzer Garniermasse setzen. Die zwei Eischeiben sich leicht überlappend auslegen.

Garnierte Eiechstel: Eiechstel mit Cocktailshrimps und Kerbel garnieren.

Eierfächer: Zwei Eiechstel, ein Tomatensechstel und eine Zitronenspalte (Seite 70) zu einem Fächer legen.

Eierblume: Aus einer runden Eischeibe, zu Blütenblättern ausgestochenen Karottenscheiben, einem dünnen, blanchierten Lauchstreifen, einem Trüffelpunkt und einigen zu Blättern geschnittenen Lauchstücken eine Blume legen.

Musikalische Eier: Vier ovale Eischeiben sich leicht überlappend untereinanderlegen. Daneben aus Schnittlauchhalmen und Wachteleischeiben eine Notenzeile plazieren.

GEFÜLLTE EIER

Für 20 Eihälften

10 hartgekochte Eier

Zubereitungszeit:
ca. 20 Minuten

Die Eier pellen und der Länge nach halbieren. Die Eigelbe für eine der im folgenden beschriebenen Füllungen verwenden. Die Eiweißhälften mit kaltem Wasser ausspülen, abtropfen lassen und an den Unterseiten gerade schneiden, damit sie gut stehen. Eine Eigelbfüllung herstellen und sie mit einem Spritzbeutel mit Sterntülle in die Eihälften spritzen.

SENF-MAYONNAISE-FÜLLUNG

Für 20 Eihälften

½ Bund Petersilie

10 hartgekochte Eigelbe

6 EL Mayonnaise

½ TL mittelscharfer Senf

½ TL Salz

1 Msp. weißer Pfeffer

Die Petersilie waschen, trockentupfen und fein hacken. Die Eigelbe durch ein feines Sieb streichen. Die Mayonnaise mit der Petersilie, dem Senf und den Eigelben verrühren und mit dem Salz und etwas Pfeffer pikant abschmecken.

Zubereitungszeit:
ca. 10 Minuten

KAROTTEN-NUSS-FÜLLUNG

Für 20 Eihälften

10 hartgekochte Eigelbe

4 EL körniger Frischkäse

2 EL feingeraspelte Karotten

etwas Zitronensaft

2 TL gemahlene Haselnüsse

1 Prise Salz

1 Prise schwarzer Pfeffer

Die Eigelbe durch ein feines Sieb streichen. Den körnigen Frischkäse mit den geraspelten Karotten, etwas Zitronensaft, den geriebenen Haselnüssen und den Eigelben glattrühren. Mit Salz und Pfeffer abschmecken.

Zubereitungszeit:
ca. 10 Minuten

KRÄUTER-FRISCHKÄSE-FÜLLUNG

Für 20 Eihälften

10 hartgekochte Eigelbe

4 EL Doppelrahmfrischkäse

2 EL gehackte Kräuter
(Petersilie, Schnittlauch, Kerbel)

4 EL Milch

1 Prise Salz

Die Eigelbe durch ein feines Sieb streichen. Zusammen mit dem Doppelrahmfrischkäse, den gehackten Kräutern und der Milch glattrühren und mit Salz abschmecken.

Zubereitungszeit:
ca. 5 Minuten

AVOCADO-CURRY-FÜLLUNG

Für 20 Eihälften

10 hartgekochte Eigelbe

4 EL Doppelrahmfrischkäse

2 TL Currypulver

2 TL Avocadopüree

2 TL Zitronensaft

2 EL Milch

1 Prise Salz

Die Eigelbe durch ein feines Sieb streichen. Dann zusammen mit Doppelrahmfrischkäse, Currypulver, Avocadofruchtfleisch, Zitronensaft und Milch glattrühren. Mit Salz abschmecken.

Zubereitungszeit:
ca. 5 Minuten

Wachteleier im Nest: Aus feinen Karottenraspeln (mit etwas Zitronensaft beträufelt) oder mit einem Spezialhobel hergestellten langen Karottenstreifen und Kresse zwei konzentrische Ringe legen. In die Mitte zwei halbierte, gepellte und ein ganzes, nur zur Hälfte gepelltes Wachtelei setzen.

Eihälfte mit Karotten-Nuß-Füllung: Die Füllung mit Radieschenscheiben, Gurkenstücken, Karottenstreifen und einer Haselnuß garnieren.

Eihälfte mit Kräuter-Frischkäse-Füllung: Die Füllung mit Kerbelblättchen, einem ausgestochenen Käseherz und einem Paprikakreis garnieren.

Eihälfte mit Senf-Mayonnaise-Füllung: Die Füllung mit Tomatenstreifen und Kerbelblättchen garnieren.

Eihälfte mit Avocado-Curry-Füllung: Die Füllung mit Paprikastückchen, Trüffel, Kerbelblättchen und einem ausgestochenen Karottenmotiv garnieren.

Teetasse aus Ei: Von einem hartgekochten Ei oben einen Deckel abschneiden und es unten geradeschneiden. Das Eigelb vorsichtig herauslösen. In die Höhlung grün eingefärbten Aspik (Seite 86) geben und ihn im Kühlschrank fest werden lassen. Die Eihälfte auf eine kannelierte Gurkenscheibe setzen. Als Henkel ein Stück Salzbrezel seitlich hineinstecken. Die Tasse mit einer Paprikaraute und mit einem Kerbelblättchen garnieren.

Wachteleier im Nest

Teetasse aus Ei

Eihälfte mit Karotten-Nuß-Füllung

Eihälfte mit Kräuter-Frischkäse-Füllung

Eihälfte mit Avocado-Curry-Füllung

Eihälfte mit Senf-Mayonnaise-Füllung

Käse

Käsescheiben
Hartkäse und Schnittkäse kann man mit einem speziellen Käsemesser oder einem Schneidedraht (1) in gleichmäßige Scheiben schneiden. Hübsch sehen die Scheiben aus, wenn man sie mit einem Buntmesser schneidet (2).

Ausgestochener Käse
Ein Stück Käse (Emmentaler, Gouda, Edamer, Greyerzer) mit einem Messer oder einem Schneidedraht in etwa 1 cm dicke Scheiben schneiden. Diese mit Ausstechern zu hübschen Motiven ausstechen (3).

Tête-de-Moine-Blüten
Von einem kleinen, 500 g schweren Tête-de-Moine (halbfester Schnittkäse in Zylinderform) oben einen kleinen Deckel abschneiden, den Käse mit dem Stift einer Girolle (spezielles Schneidegerät für diesen Käse) durchbohren, das Schabemesser aufstecken und damit vom Käse durch Drehen kleine, dünne Käseblüten abschaben (4). Den Käse nach der Verwendung immer mit dem abgeschnittenen Deckel abdecken.

Tête-de-Moine-Blüten mit Girolle

84 Butter, Eier, Käse und Aspik

Käseschiffchen: Das obere Ende eines schmalen roten Paprikastreifens auf ein Spießchen stecken, dann eine gefüllte Olive und das zweite Ende des Paprikastreifens auf das Spießchen stecken. Es in ein zu einer Blume ausgestochenes Käsestück (Edamer oder Gouda) stecken.

Tannenspieß: Aus einer etwa 1 cm dicken Edamer- oder Greyerzerscheibe eine große und zwei kleine Tannen ausstechen. Den Rand eines Pumpernickelkreises mit Butter bestreichen und in feingehackte Petersilie tupfen. Die Käsetannen auf das Brot setzen und mit einem Spieß darauf befestigen.

Käsewindmühle: Aus etwa 1 cm dicken Tilsiter-, Edamer-, Emmentaler- und Greyerzerscheiben kleine Ovale ausstechen, deren Ränder in edelsüßem Paprikapulver und in gehackte Petersilie tupfen und sie auf eine mit Frischkäse bestrichene Pumpernickelscheibe legen. In die Mitte eine halbierte blaue Traube setzen.

Bunter Käsespieß: Drei verschieden groß ausgestochene Käsemotive übereinanderlegen. Einen Spieß mit einer grünen und einer blauen Traube sowie einer gefüllten Olive bestücken und ihn in den Käse stecken.

Rautenspießchen: Eine blaue Traube und eine Goudaraute auf ein Spießchen stecken und dieses in eine mit einem Edamerkreis belegte Pumpernickelscheibe spießen.

Käseigel: Eine pfiffige Idee für einen Käseigel finden Sie auf der Seite 30. Statt der angegebenen Käsewürfel können Sie auch ausgestochene Käsestücke (Rauten, Kreise, Blumen, Herzchen) nehmen.

Tête-de-Moine-Blüten mit Girolle: Einen ganzen Tête-de-Moine ohne Deckel auf ein Holzbrett setzen, die Girolle aufstecken, damit einige kleine Blüten abschaben und sie um den Käse legen.

Tannenspieß

Käsewindmühle

Bunter Käsespieß

Rautenspießchen

Käseschiffchen

Aspik

ASPIK FÜR OBST

Für ca. ½ l

8 Blätter weiße Gelatine (in der warmen Jahreszeit) oder 6 Blätter weiße Gelatine (in der kalten Jahreszeit)

½ l trockener Weißwein

70 g Zucker

Saft von ¼ Zitrone

Zubereitungszeit: ca. ½ Stunde
Kühlzeit: ca. 2 Stunden

1. Die Gelatineblätter (die Anzahl richtet sich nach der jeweiligen Jahreszeit) etwa 10 Minuten in kaltem Wasser quellen lassen.
2. Die Hälfte des Weins in einem Topf erhitzen, aber nicht kochen lassen. Die Gelatineblätter gut ausdrücken und im heißen Wein unter Rühren auflösen.
3. Dann den Zucker, den Zitronensaft und den restlichen Wein dazugeben und die Flüssigkeit in einem kalten Wasserbad so lange rühren, bis sie gerade beginnt zu gelieren. (Dieser Punkt liegt bei 28 bis 30 °C.)
4. Den Aspik mit einem Kuchenpinsel auf das zu bestreichende Obst (zum Beispiel Apfelspalten, Orangenfilets) auftragen und dieses für etwa 2 Stunden in den Kühlschrank stellen, bis der Aspik fest ist.

Herzen aus Portweinaspik

Gewürfelter Aspik für Obst

PORTWEINASPIK FÜR FLEISCHPLATTEN

Für ca. ½ l

20 g weißes Gelatinepulver (für mittelweichen Aspik) oder 50 g weißes Gelatinepulver (für schnittfesten Aspik)

450 ml Rinderfond aus dem Glas

50 ml Portwein

1 Prise Salz

Zubereitungszeit: ca. 25 Minuten
Kühlzeit: ca. 2 Stunden

1. Das Gelatinepulver (die Menge richtet sich nach der gewünschten Festigkeit des Endprodukts) etwa 10 Minuten in einem Drittel des kalten Rinderfonds quellen lassen.
2. Den restlichen Fond in einem Topf erhitzen, aber nicht kochen lassen. Die gequollene Gelatine dazugeben und unter langsamem Rühren darin auflösen. Dann den Portwein und etwas Salz darunterrühren.
3. Den noch flüssigen Aspik dünn auf die Platte gießen und für etwa 2 Stunden in den Kühlschrank stellen, bis er fest ist.

Aspikwürfel im Nest

Rauten aus Dill-Kerbel-Aspik

DILL-KERBEL-ASPIK FÜR FISCHPLATTEN

Für ca. ½ l

20 g weißes Gelatinepulver (für mittelweichen Aspik) oder 50 g weißes Gelatinepulver (für schnittfesten Aspik)

450 ml Fischfond aus dem Glas

50 ml trockener Weißwein

½ Bund Dill

½ Bund Kerbel

Zubereitungszeit: ca. ½ Stunde
Kühlzeit: ca. 2 Stunden

1. Das Gelatinepulver (die Menge richtet sich nach der gewünschten Festigkeit des Endprodukts) etwa 10 Minuten in einem Drittel des kalten Fischfonds quellen lassen. Die Kräuter fein hacken.
2. Den restlichen Fond in einem Topf erhitzen, aber nicht kochen lassen. Die gequollene Gelatine und den Wein dazugeben und den Aspik darin auflösen.
3. Den noch flüssigen Aspik in einem kalten Wasserbad so lange rühren, bis er beginnt zu gelieren. (Dieser Punkt liegt bei etwa 35 °C.) Erst dann die feingehackten Kräuter darunterrühren.
4. Den noch flüssigen Aspik dünn auf die Platte gießen und für etwa 2 Stunden in den Kühlschrank stellen.

Platte mit Aspik ausgießen

Damit Silberplatten beim Abnehmen der darauf liegenden Speisen nicht verkratzen, gießt man sie vor dem Belegen mit Aspik aus. Zunächst messen, wieviel Aspikflüssigkeit man benötigt: Dazu die Platte etwa ½ cm hoch mit Wasser füllen und diese Menge in einem Meßgefäß abmessen. Die entsprechende Menge Aspik (die angegebene Gelatinemenge für schnittfesten Aspik) herstellen, sie noch flüssig auf die Platte gießen (1) und eventuelle Luftblasen mit einem Zahnstocher wegpieksen. Die Platte ganz waagerecht in den Kühlschrank stellen, dann nicht mehr bewegen und den Aspik fest werden lassen. Er ist fest, wenn sich beim Daraufblasen keine Wellen mehr bilden. Erst dann die Platte mit den Speisen belegen (geeignet sind Fleisch und Fisch). Achtung: Keine frische Ananas oder frische Kiwi auf den Aspikspiegel legen, sonst wird er wieder weich.

Aspikwürfel im Nest: Auf ein Nest aus Bleichsellerieblättern eine zu einem Ring ausgestochene und in schwimmendem Fett ausgebackene Weißbrotscheibe legen. In die Mitte kleingewürfelten Portweinaspik geben und eine Scheibe Gänseleberterrine (fertig gekauft) darauf legen. Mit einem aus Garniermasse ausgestochenem Motiv verzieren.

Garnituren mit Aspik überziehen

Flache Garnituren auf ein Kuchengitter legen und mit einem Kuchenpinsel mit flüssigem Aspik überziehen (2). Plastische Garnituren oder Garniturstücke auf kleine Spießchen stecken und in den flüssigen Aspik tauchen. Die bestückten Spießchen in eine Apfelhälfte stecken (3) und den Aspiküberzug fest werden lassen.

Aspik ausstechen und schneiden

Noch flüssigen Aspik etwa 1 cm hoch in eine flache Schale gießen und im Kühlschrank fest werden lassen. Dann mit Ausstechern kleine Formen ausstechen (4). Mit Hilfe eines Lineals kann man mit einem Messer auch Quadrate, Rauten und Dreiecke aus dem Aspik ausschneiden.

Aspikwürfel

Aspikreste mit einem großen Messer grob hacken und als Häufchen oder in Streifen gelegt für Randgarnituren verwenden. Ist der Aspik fein genug gehackt, kann man ihn auch mit einem Spritzbeutel mit mittlerer Lochtülle auf Platten zu Mustern spritzen (5).

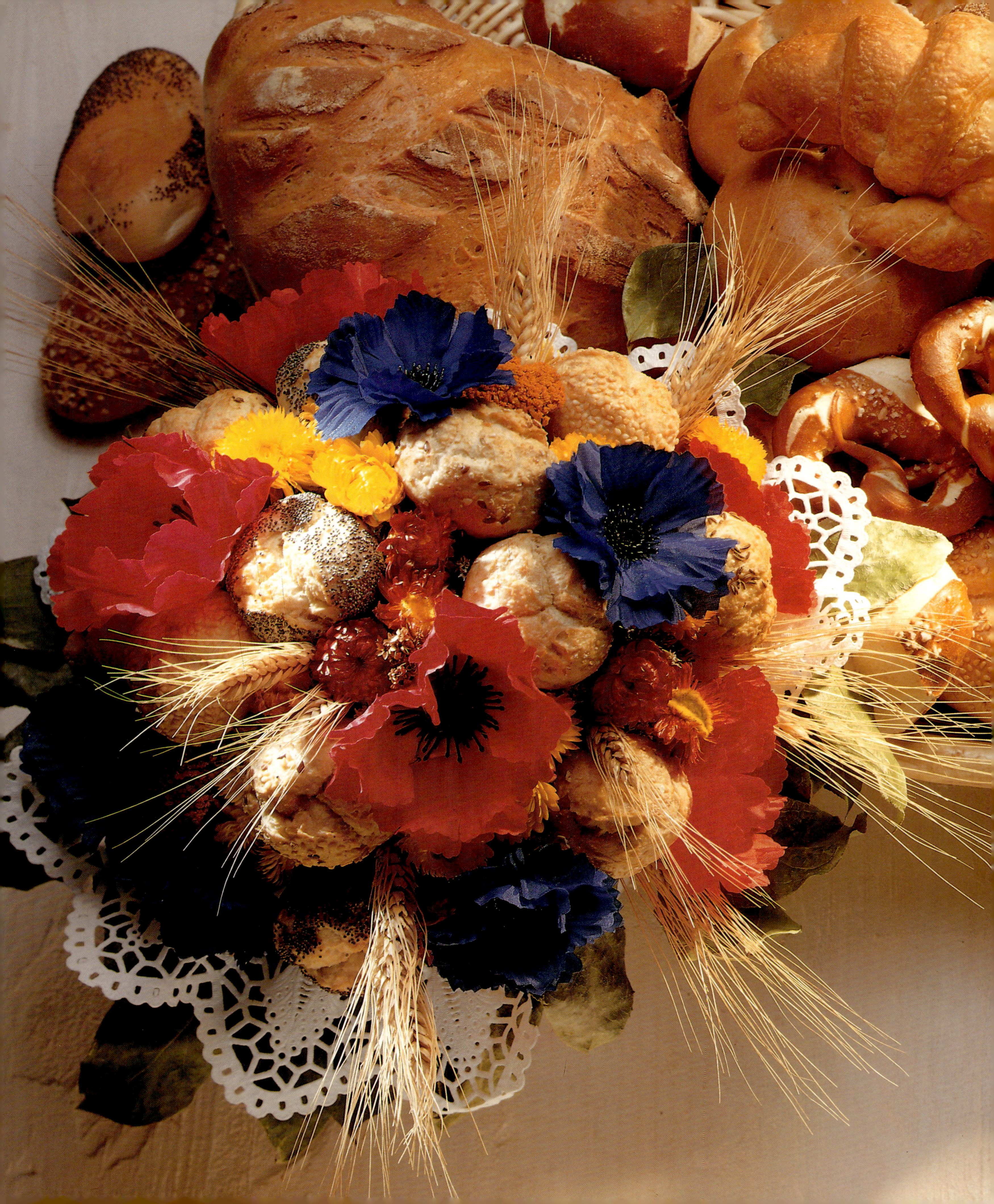

GEBÄCK

GEWÜRZBROT IM BLUMENTOPF

Für 8 Blumentöpfe

8 kleine, neue Blumentöpfe aus Ton (6 cm hoch, 5 cm ⌀)

2 EL Öl zum Ausfetten

250 g Mehl

½ Hefewürfel

1 Prise Zucker

ca. 60 ml Milch

1 Zwiebel

½ Knoblauchzehe

1½ EL Butter

1 Ei

1 Prise geriebene Muskatnuß

¼ TL gehackter Fenchelsamen

¼ TL gemahlener Rosmarin

½ TL Anissamen

1½ EL gehackter Dill

Salz

Zeit zum Gehen: ca. 1 Stunde
Zubereitungszeit: ca. 25 Minuten

1. Die Blumentöpfe innen mit einem Pinsel mit dem Öl ausstreichen. Das Mehl in eine Schüssel sieben und in die Mitte eine Mulde drücken.
2. Die Hefe in die Mulde bröckeln, den Zucker und die Milch hinzugeben und diese Mischung zusammen mit etwas Mehl vom Rand zu einem Vorteig verrühren. Ihn mit etwas Mehl vom Rand bestäuben und zugedeckt etwa 20 Minuten an einem warmen Platz gehen lassen.
3. Inzwischen die Zwiebel und die Knoblauchzehe schälen und beides fein hacken. Die Butter schmelzen lassen, dann mit dem Ei, den Gewürzen, dem Dill sowie den Zwiebel- und den Knoblauchwürfeln verrühren.
4. Die Mischung zum Vorteig geben. Alles zusammen zu einem festen Teig verkneten und diesen schlagen, bis er Blasen wirft. Den Teig nochmals etwa 20 Minuten zugedeckt gehen lassen.
5. Die Blumentöpfe jeweils zur Hälfte mit dem Teig füllen und ihn nochmals 10 bis 20 Minuten gehen lassen. Den Backofen auf 200°C vorheizen.
6. Die Teigoberflächen mit etwas Salzwasser bestreichen und die Brote im Ofen 30 bis 35 Minuten backen. Die Gewürzbrote in den Blumentöpfen servieren.

BRÖTCHENSTRAUSS

Für 1 Strauß

ca. 12 kleine Partybrötchen (ca. 3 cm ⌀)

12 etwa 20 cm lange Stücke fester Blumendraht

3–4 größere Stoffblumen (Mohn, Kornblume, Margerite)

1 mittelgroße Biedermeierstraußmanschette

1 Stück breites Klebeband

eventuell eine Stoffschleife

1 schöne Blumenvase

Herstellungszeit: ca. ¼ Stunde

1. Die Partybrötchen auf die Drähte stecken, diese zusammen mit den Stoffblumen zu einem Strauß arrangieren und ihn unten mit dem Klebeband zusammenbinden.
2. Die Manschette um den Strauß legen, ihn eventuell mit einer Schleife dekorieren und dann in die Vase stellen.

Variation
Wenn Sie den Strauß üppiger gestalten möchten, binden Sie noch einige Trockengräser und Getreideähren mit ein. Hübsch sieht auch ein Arrangement mit frischen Schnittblumen und Blättern aus.

Hinweis
Dieser Brötchenstrauß ist nur für Dekorationszwecke geeignet! Die Brötchen sollten nicht verzehrt werden.

Gemustertes Brot

Wichtig ist hierbei, daß das verwendete Brot frisch ist, es aber eine feste Konsistenz hat und beim Ausstechen nicht krümelt. Ungeeignet sind Brote mit ganzen Körnern. Die Scheiben sollten immer gleich dick sein. So wird's gemacht: Aus einer dünnen Kastenweißbrotscheibe mit einem runden Ausstecher einen Kreis ausstechen (1) und diesen herausnehmen. Mit dem gleichen Ausstecher aus einer Scheibe dunklen Brotes ebenfalls einen Kreis ausstechen (2).

Den hellen Brotkreis in den dunklen „Brotrahmen" und den dunklen Brotkreis in den hellen „Brotrahmen" setzen. Die eingesetzten Scheiben mit der Hand ein wenig im Rahmen festdrücken. Bereits Geübte können aus verschiedenfarbigen Brotscheiben auch mehrere, ineinandergeschachtelte Stücke ausstechen und sie wieder farbig wechselnd zu Mustern zusammensetzen. Schön sieht es auch aus, wenn man ausgestochene Käse- oder Schinkenformen in Brotscheiben einsetzt (3). Als süße Variante ist eine Kombination aus Rosinenbrot und Honigkuchen sehr schön.

Brandteig

GRUNDREZEPT BRANDTEIG

Für ca. 20 Stück

- 75 g Butter
- ¼ l Wasser
- 125 g Mehl
- 1 Prise Salz
- 2 Eier
- 1 Eiweiß
- etwas Öl zum Ausfetten

Zubereitungszeit:
ca. 1¼ Stunden

1. Die Butter zusammen mit dem Wasser in einem Topf aufkochen lassen. Dann den Topf vom Herd nehmen. Das Mehl mit dem Salz mischen, es auf einmal in die Flüssigkeit schütten und alles kräftig rühren.
2. Den Topf wieder auf den Herd stellen und den Teig so lange rühren, bis er zu einem dicken Kloß geworden ist und bis sich am Topfboden ein weißer Belag bildet. Den Backofen auf 220° C vorheizen.
3. Den Teig in einer Schüssel etwas abkühlen lassen. Die Eier mit dem Eiweiß verquirlen und die Mischung in kleinen Portionen unter den Teig rühren, bis er glatt wird.
4. Ein Backblech mit dem Öl ausfetten. Den Brandteig in einen Spritzbeutel mit großer Tülle füllen und dann im Abstand von 5 cm etwa 20 kleine Teighäufchen (3 bis 5 cm ⌀) auf das Blech spritzen.
5. Das Blech in den Ofen schieben. Eine zur Hälfte gefüllte Tasse Wasser auf den Backofenboden gießen, sofort die Tür schließen und das Gebäck etwa 25 Minuten backen. Den Ofen währenddessen nicht öffnen. Dann den Ofen abschalten, den Stiel eines Holzlöffels in die Ofentür klemmen und das Gebäck etwa ¼ Stunde im Ofen abkühlen lassen.
6. Das noch lauwarme Gebäck quer halbieren und mit einer Creme (Rezepte: unten) füllen.

Windbeutel mit Sardellencreme

Dreispitz mit Käse-Paprika-Creme

KÄSE-PAPRIKA-CREME

Für ca. 20 Windbeutel

- 1 mittelgroße grüne Paprikaschote
- ½ Zwiebel
- 1 EL Öl
- 50 g weiche Butter
- 150 g Doppelrahmfrischkäse
- 3 EL Crème fraîche
- ½ TL Paprikapulver edelsüß
- Salz
- weißer Pfeffer

Zubereitungszeit:
ca. ¾ Stunden

1. Den Backofen auf 200° C vorheizen. Die Paprikaschote der Länge nach halbieren, putzen, waschen und so lange im Ofen backen, bis ihre Haut Blasen wirft. Die Schote herausnehmen, kurz mit einem feuchten Tuch abdecken, enthäuten und fein würfeln.
2. Die Zwiebelhälfte schälen, würfeln und in dem Öl glasig dünsten. Auskühlen lassen.
3. Die Butter mit einem Handrührgerät cremig rühren und mit Zwiebeln, Frischkäse, Crème fraîche, Paprika und Paprikapulver verrühren. Die Creme mit Salz und Pfeffer abschmecken.

SARDELLENCREME

Für ca. 20 Windbeutel

- 80 g Sardellenfilets aus dem Glas
- 110 g weiche Margarine
- 3 EL gehackte Petersilie
- ½ TL Zitronensaft
- 1 Msp. Cayennepfeffer
- schwarzer Pfeffer

Zubereitungszeit:
ca. 10 Minuten

1. Die Sardellenfilets mit Küchenkrepp trockentupfen und in einem Mörser zu einer glatten Paste zerreiben.
2. Die Margarine und die Petersilie darunterrühren und die Creme mit Zitronensaft, Cayennepfeffer und Pfeffer abschmecken.

Formen aus Brandteig spritzen

Aus Brandteig kann man die unterschiedlichsten Formen spritzen, die dann goldgelb gebacken und eventuell mit einer pikanten oder einer süßen Creme gefüllt werden. Je nach gewünschter Form verwendet man eine Stern- oder eine Lochtülle. Den Brandteig in den mit der Tülle bestückten Spritzbeutel füllen und diesen oben durch Zusammendrehen verschließen. Den unteren Teil des Beutels in die linke Hand legen und den Beutel mit der rechten Hand oben zusammenhalten. Den Beutel mit der rechten Hand zusammendrücken und aus dem Teig eines der folgenden Muster auf das gefettete Blech spritzen.

Windbeutel (1): Mit einer kleinen Sterntülle (Größe 3) mit kreisförmiger Bewegung eine kleine Rosette auf das Blech spritzen. Die Tülle beim Absetzen etwas nach oben ziehen, damit der Windbeutel eine schöne Spitze bekommt.

Eclair (2): Mit einer kleinen Sterntülle (Größe 3) einen kleinen Streifen auf das Blech spritzen. Den Spritzbeutel dabei am Anfang und am Ende des Streifens etwas fester drücken, damit die Enden des Eclairs ein wenig dicker als das Mittelstück werden.

Brandteig

Sternenkranz (3): Mit einer kleinen Sterntülle (Größe 3) einen Ring aus kleinen Tupfen auf das Blech spritzen.

Brezel (4): Mit einer mittleren Lochtülle (Größe 5) eine Brezel auf das Blech spritzen.

Dreispitz (5): Mit einer kleinen Lochtülle (Größe 3) drei kleine Teigbällchen auf das Blech spritzen, die sich gegenseitig berühren. Die Tülle beim Absetzen jeweils etwas nach oben ziehen, so daß die Teigspitzen nach oben zeigen.

Kringel (6): Mit einer kleinen Sterntülle (Größe 3) einen Kreis (6 cm ∅) auf das Backblech spritzen.

Doppeltupfen (7): Mit einer kleinen Sterntülle (Größe 3) zwei Tupfen, die sich leicht berühren, auf das Blech spritzen.

Windbeutel mit Sardellencreme

Eclair mit Käse-Paprika-Creme

Windbeutel mit Sardellencreme: Einen gebackenen Windbeutel horizontal halbieren und mit der Sardellencreme (Seite 93) füllen. Den Deckel wieder darauf setzen. Auf den Windbeutel eine schräggeschnittene Scheibe Schillerlocke und ein Romanescoröschen setzen.

Eclair mit Käse-Paprika-Creme: Etwas Käse-Paprika-Creme (Seite 93) mit den Händen zu zwei kleinen Kugeln formen und diese kalt stellen, damit sie fest werden. Ein halbiertes, gebackenes Eclair mit Feldsalat oder Spinatblättern auslegen, die Käsekugeln und zwei Weintraubenhälften darauf setzen und den Eclairdeckel schräg darauf setzen.

Doppeltupfen mit Sardellencreme: Einen gebackenen Doppeltupfen horizontal halbieren und mit der Sardellencreme (Seite 93) füllen. Auf die eine Hälfte der Creme ein zu einem Kreis ausgestochenes Wachtelspiegelei, auf die andere Hälfte ein kleines Stück geräuchertes Aalfilet, ein Limettenfilet und einen Kerbelzweig legen. Den Deckel schräg anlegen.

Sternenkranz mit Schlagsahne: Einen gebackenen Sternenkranz horizontal halbieren und mit einem Spritzbeutel etwas gesüßte Schlagsahne auf den Brandteigboden spritzen. Den Deckel wieder darauf setzen.

Kringel mit Käse-Paprika-Creme: Einen gebackenen Kringel horizontal halbieren und mit einem Spritzbeutel mit mittlerer Sterntülle kleine Tupfen Käse-Paprika-Creme (Seite 93) auf den Teigboden spritzen. Den Deckel schräg anlegen.

Brezel

Dreispitz

Sternenkranz mit Schlagsahne

Kringel mit Käse-Paprika-Creme

Doppeltupfen mit Sardellencreme

Brandteig

CANAPÉS UND CO.

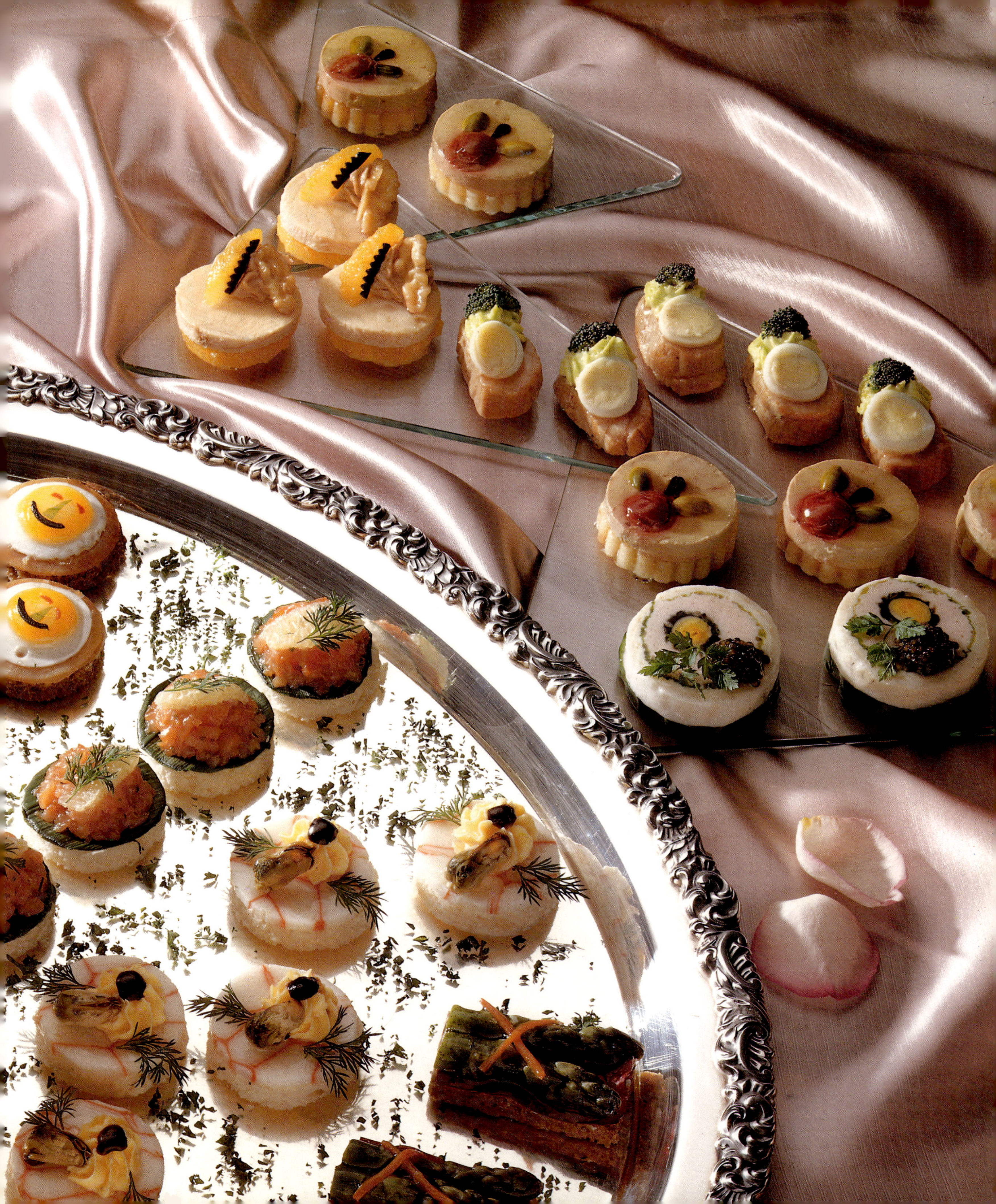

Canapés

Canapés besitzen immer einen Boden aus kleinen Brotscheiben, die entweder in verschiedene Formen geschnitten (Dreiecke, Quadrate oder Rechtecke) oder ausgestochen (Kreise, Herzen und ähnliches) werden. Die Brotscheiben bestreicht man anschließend mit Butter und belegt sie üppig mit den verschiedensten Zutaten. Geeignet ist alles, was man auch sonst als Brotbelag verwendet.

SPARGELCANAPES

Für 6 Stück

¼ rote Paprikaschote

3 große Scheiben Roggenbrot

1–2 EL weiche Butter

1 EL gehackte Brunnenkresse

1 sehr kleine, gehackte Knoblauchzehe

1. Den Backofen auf 200 °C vorheizen. Das Paprikaviertel putzen, waschen und mit der Schnittfläche auf ein Backblech legen. Die Paprikaschote so lange im Ofen backen, bis ihre Haut Blasen wirft. Herausnehmen und kurz mit einem feuchten Tuch bedecken. Dann die Haut abziehen und die Schote der Länge nach in zwölf Streifen schneiden.
2. Die Rinde der Roggenbrotscheiben abschneiden und die Scheiben zu sechs Rechtecken von 3 mal 6 cm Größe schneiden.
3. Die Butter cremig rühren und mit der Brunnenkresse und dem Knoblauch mischen. Die Brotrechtecke mit der Butter bestreichen.
4. Vom Spargel etwa 6 cm lange Spitzen abschneiden und sie in leicht gesalzenem und gezuckertem Wasser etwa 4 Minuten garen. Im Spargelwasser erkalten und danach auf Küchenkrepp abtropfen lassen.
5. Auf jedes Brotrechteck zwei Spargelspitzen und zwei Paprikastreifen legen.

12 dünne Stangen grüner Spargel

1 Prise Salz

1 Prise Zucker

Pfeffer

Zubereitungszeit: ca. ¾ Stunden

CANAPES MIT MEERESFRÜCHTEN

Für 6 Stück

6 tiefgekühlte Streifen Fisch-Crabmeat (Fischkrabbenfleischimitat) oder 6 Scheiben frisches Krebsfleisch

6 Scheiben Weizenvollkornbrot

3 EL Butter

1 EL gehackte Brunnenkresse

1 sehr kleine, gehackte Knoblauchzehe

1. Die Fisch-Crabmeat-Streifen auftauen lassen und trockentupfen. Die Brotscheiben in 1 Eßlöffel der Butter in einer Pfanne goldbraun rösten. Die restliche Butter zusammen mit der Kresse und dem Knoblauch cremig rühren.
2. Die Brotscheiben zu Kreisen (6 cm ø) ausstechen und mit der Kressebutter bestreichen. Die gewaschenen Salatblätter auf die Größe der Brotscheiben zuschneiden und darauf legen.
3. Je einen Fisch-Crabmeat-Streifen oder eine Krebsfleischscheibe darauf legen. Die Eigelbcreme mit einem Spritzbeutel darauf spritzen und je eine abgetropfte Muschel auf ein Canapé setzen.
4. Die Oliven halbieren und entsteinen. Jedes Canapé mit einer Olivenhälfte und einen gewaschenen Dillzweig garnieren.

6 kleine Blätter Trevisosalat (wilder Radicchio) oder Radicchio

3 EL Eigelbcreme (Seite 25)

6 Miesmuscheln aus dem Glas

3 schwarze Oliven

6 Dillzweige

Zubereitungszeit: ca. ½ Stunde

CANAPES MIT LACHSTATAR

Für 6 Stück

4 EL weiche Butter

1 cl Wodka

2 kleine Frühlingszwiebeln

6 Scheiben Kastenweißbrot

1. Die Butter zusammen mit dem Wodka cremig rühren. Die Frühlingszwiebeln waschen, putzen und schräg in zwölf Stücke schneiden.
2. Aus den Brotscheiben sechs runde Scheiben (4 cm ∅) ausstechen und diese mit der Wodkabutter gut bestreichen.
3. Den Räucherlachs fein würfeln und das Tatar gehäuft in die Mitte auf die Canapés geben. Das Tatar mit den Limettenfilets, den Frühlingszwiebelröllchen und dem Dill garnieren.

300 g geräucherter Lachs in Scheiben

6 Limettenfilets (Seite 70)

einige Dillzweige

Zubereitungszeit: ca. 20 Minuten

CANAPES MIT SCHINKEN UND EI

Für 6 Stück

2–3 EL weiche Butter

1 Prise Salz

½ TL feingeriebener frischer Meerrettich

6 Scheiben Vollkornbrot

1. Zwei Drittel der Butter cremig rühren und mit dem Salz und dem Meerrettich mischen. Das Brot zu Kreisen (6 cm ∅) ausstechen und mit der Meerrettichbutter bestreichen.
2. Aus dem Schinken sechs Kreise (6 cm ∅) ausstechen und sie auf die Brotscheiben legen. Die Wachteleier in der restlichen Butter in einer beschichteten Pfanne als Spiegeleier braten, zu Kreisen ausstechen und noch lauwarm auf die vorbereiteten Canapés legen.

Tip
Verzieren Sie die Canapés mit Gesichtern aus Paprikaschote, Schnittlauch und Garniermasse.

3 große Scheiben Schwarzwälder Schinken

6 Wachteleier

Zubereitungszeit: ca. 20 Minuten

Canapés

Cocktailhappen

Sie sind die „rustikaleren Brüder" der Canapés und Medaillons. Für den Unterbau verwendet man sowohl kleine geschnittene oder ausgestochene Brotscheiben als auch Gemüsescheiben. Diese Böden werden anschließend üppig belegt, die Zutaten steckt man meistens mit einem kleinen Spießchen zusammen.

BLÄTTERTEIGKISSEN MIT FORELLENKAVIARSCHAUM

Für 6 Stück

| 2 TK-Blätterteigplatten |
| 1–2 EL Mehl zum Ausrollen |
| 1 Eigelb |
| 1 EL Milch |
| 2 Blätter weiße Gelatine |
| 3 EL Crème fraîche |
| Salz, Pfeffer |
| etwas Zitronensaft |
| 1–2 EL feingehackter Kerbel |
| 4 EL geschlagene Sahne |
| 60 g Forellenkaviar |

Zubereitungszeit:
ca. 40 Minuten
Kühlzeit: ca. ½ Stunde

1. Den Backofen auf 210 °C vorheizen. Die Blätterteigplatten auftauen lassen. Dann auf einer kühlen, mit dem Mehl bestäubten Arbeitsfläche gleichmäßig (etwa 3 mm) dick ausrollen und daraus sechs Kreise (4 cm ø) ausstechen. Diese auf ein mit kaltem Wasser beträufeltes Blech legen.
2. Das Eigelb mit der Milch verquirlen, die Teigkreise damit bestreichen und im Ofen in etwa 12 Minuten goldgelb backen. Vom Blech nehmen und auskühlen lassen.
3. Inzwischen die Gelatine etwa 10 Minuten in kaltem Wasser quellen lassen, gut ausdrücken und in einer kleinen Schüssel im heißen Wasserbad auflösen.
4. Die Schüssel aus dem Wasserbad nehmen und die Crème fraîche unter die aufgelöste Gelatine rühren. Die Creme mit Salz, Pfeffer und etwas Zitronensaft abschmecken. Zuletzt den Kerbel und die Sahne darunterheben.
5. Die Blätterteigkissen horizontal halbieren und die Füllung mit einem Spritzbeutel in die Hälften spritzen. Den Kaviar darauf geben. Die Deckel wieder darauf setzen und die Häppchen für ½ Stunde kühl stellen.

GEFÜLLTE RADIESCHEN

Für ca. 36 Stück

| ca. 36 große Radieschen |
| 80 g Doppelrahmfrischkäse |
| 1–2 EL geschlagene Sahne |
| 1–2 EL Schnittlauchröllchen |
| Salz, Pfeffer |
| ca. 6 Scheiben Graubrot |

Zubereitungszeit:
ca. 35 Minuten

1. Die Radieschen waschen, putzen und von der Wurzelseite her mit einem Perlausstecher vorsichtig aushöhlen. Aus den Brotscheiben 36 kleine Herzen (etwa 3 cm ø) ausstechen.
2. Den Frischkäse in einer Schüssel mit einem Schneebesen glattrühren. Den Schnittlauch darunterrühren und die Sahne darunterheben. Mit Salz und Pfeffer abschmecken.
3. Die Radieschen mit der Frischkäsecreme füllen. Dabei etwas Creme übrig lassen. Jeweils einen Tupfen Frischkäsecreme auf die Brotherzen geben und die gefüllten Radieschen darauf setzen. Eventuell mit Spießchen feststecken.

Variation
Sie können auf diese Weise auch Radieschenseerosen (Seite 44) füllen.

MATJESTATAR AUF KARTOFFELSCHEIBEN

Für 6 Stück

1 große Kartoffel
100 g Matjesfilets
4 Radieschen
50 g Apfel
1 cl Aquavit
1 EL Schnittlauchröllchen
2 EL Dickmilch
Salz
Pfeffer
1 Kirschtomate
einige Schnittlauchhalme
ausgestochene Apfelformen

Zubereitungszeit:
ca. ½ Stunde

1. Die Kartoffel als Pellkartoffel kochen, pellen und in 6 gleich große Scheiben schneiden. Inzwischen die Matjesfilets kurz abspülen, trockentupfen und kleinwürfeln.
2. Die Radieschen waschen und fein würfeln, das Apfelstück schälen und kleinwürfeln. Matjes, Radieschen und Apfel mit Aquavit, Schnittlauchröllchen und Dickmilch mischen und mit Salz und Pfeffer abschmecken.
3. Das Matjestatar auf den Kartoffelscheiben anrichten. Die Kirschtomate waschen und sechsteln. Die Häppchen mit den Tomatensechsteln, Schnittlauch und ausgestochenen Apfelformen garnieren.

Cocktailhappen

Medaillons

Sie werden gerne als Vorspeise oder für kalte Buffets genommen. Im Gegensatz zu den Canapés, die kleinen belegten Broten ähneln, haben Medaillons immer einen Unterbau aus gegartem Fleisch oder aus Obst- oder Gemüsescheiben. Letztere nimmt man meist für Medaillons mit Fisch und Meeresfrüchten, aber auch für rein vegetarische Häppchen. Wichtig ist, daß Unterbau und Belag geschmacklich miteinander harmonieren. Spießchen verwendet man bei Medaillons nicht.

ROTZUNGENRÖLLCHEN AUF GURKENSCHEIBEN

Für 6 Stück

70 g Lachsforellenfilet

Salz

Pfeffer

40 g süße Sahne

½ TL Pernod

2 große Rotzungenfilets mit Haut

1 TL Öl

¾ l Gemüsebrühe

⅙ Salatgurke

2 EL Kaviar

6 Kerbelblättchen

Zubereitungszeit, ca. 1 ½ Stunden

1. Das Lachsforellenfilet kurz anfrosten lassen, dann grob würfeln, mit Salz und Pfeffer abschmecken und im Mixer pürieren. Nach und nach die Sahne dazugeben und weitermixen. Den Pernod hinzufügen und die Fischfarce nochmals abschmecken.
2. Die Rotzungenfilets waschen, trockentupfen und zwischen zwei Klarsichtfolien leicht flachklopfen. Mit den Hautseiten nach oben, sich an den langen Seiten leicht überlappend, auf ein mit dem Öl bestrichenes Stück Alufolie legen.
3. Die Filets mit etwas Pfeffer und Salz würzen, mit der Lachsforellenfarce bestreichen und von den schmalen Filetseiten her aufrollen. Die Alufolie oben gut verschließen und an den Enden fest eindrehen.
4. Die Fischrolle in der Folie in der Gemüsebrühe bei mittlerer Hitze etwa 20 Minuten pochieren. Dann das Folienpaket aus der Brühe nehmen und auskühlen lassen.
5. Die Fischrolle auswickeln und in sechs gleich dicke Scheiben schneiden. Die Gurke waschen, kannelieren, in sechs gleich dicke Scheiben schneiden und diese leicht salzen.
6. Die Rotzungenscheiben auf die Gurkenscheiben setzen und mit dem Kaviar und dem Kerbel garnieren.

PUTENBRUSTMEDAILLONS MIT LEBERCREME UND NÜSSEN

Für 6 Stück

300 g geräucherte, gebratene Putenbrust

50 g feine Kalbsleberwurst

2 EL weiche Butter

1 cl roter Portwein

6 Walnußkernhälften

6 kleine Orangenfilets (Seite 70)

Zubereitungszeit, ca. ¼ Stunde

1. Die Putenbrust quer in sechs gleich dicke Scheiben (Medaillons) schneiden. Die Kalbsleberwurst zusammen mit der Butter durch ein Haarsieb passieren und mit dem Portwein cremig rühren.
2. Die Lebercreme mit einem Spritzbeutel mit gezackter Tülle auf die Medaillons spritzen. Jedes Medaillon mit einer Walnußkernhälfte sowie einem Orangenfilet garnieren.

GÄNSELEBERMEDAILLONS ISABELL

Für 6 Stück

120 g Äpfel (Boskop)

¼ l Weißwein

1 Prise Zucker

etwas Zitronensaft

¼ Zimtstange

120 g Gänseleberparfait aus der Dose

1. Die Äpfel schälen und die Kerngehäuse ausstechen. Die Äpfel quer in 1 cm dicke Scheiben schneiden und davon sechs gleich große zu runden Scheiben (4 ½ cm ⌀) ausstechen (Seite 54).
2. Den Weißwein zusammen mit dem Zucker, etwas Zitronensaft sowie der Zimtstange erhitzen und die Apfelscheiben darin bißfest pochieren. In der Flüssigkeit auskühlen und dann abtropfen lassen.
3. Aus dem Gänseleberparfait sechs runde Scheiben (4 ½ cm ⌀) ausstechen. Auf jede Apfelscheibe ein Gänselebermedaillon setzen.
4. Die Pistazien halbieren. Die Medaillons mit je einer Schattenmorelle, vier Pistazienhälften und je einer Nuß garnieren. Die Medaillons mit einem Pinsel mit etwas Aspik überglänzen und für etwa ½ Stunde kühl stellen.

12 Pistazienkernen

6 Schattenmorellen

6 Haselnüsse

ca. ¼ l flüssiger Aspik (Rezept „Portweinaspik", Seite 86, aber statt Portwein Calvados nehmen)

Zubereitungszeit: ca. ½ Stunde
Kühlzeit: ca. ½ Stunde

KALBSMEDAILLONS MIT BROKKOLIPÜREE

Für 6 Stück

6 Kalbsmedaillons à 30 g

weißer Pfeffer

Salz

1 Prise Paprikapulver edelsüß

4 EL Öl

175 g Brokkoli

6 Blätter weiße Gelatine

1. Die Kalbsmedaillons salzen und pfeffern und mit etwas Paprikapulver einreiben. In dem heißen Öl von jeder Seite etwa 3 Minuten braten. Auskühlen lassen.
2. Die Brokkoli putzen, waschen und in Salzwasser bißfest garen. Dann abschrecken, gut abtropfen lassen und etwas zerkleinern. Sechs Röschen beiseite legen, die restlichen im Mixer pürieren und leicht salzen.
3. Die Gelatine etwa 10 Minuten in kaltem Wasser quellen lassen, gut ausdrücken und in der heißen Fleischbrühe auflösen. Die flüssige Gelatine unter das Brokkolipüree rühren. 3 Minuten kühl stellen.
4. Die Sahne steif schlagen und vorsichtig unter das Püree heben. Die Gemüsecreme auf die Medaillons spritzen.
5. Die Medaillons mit dem noch flüssigen Aspik mit einem Pinsel überziehen und für etwa ½ Stunde in den Kühlschrank stellen.
6. Die Wachteleier halbieren. Die Kalbsmedaillons vor dem Servieren mit Eiern und Brokkoliröschen garnieren.

3 EL Fleischbrühe

250 g Sahne

ca. ¼ l flüssiger Aspik (Rezept „Portweinaspik", Seite 86, aber statt Portwein Madeira nehmen)

3 gekochte Wachteleier aus dem Glas

Zubereitungszeit: ca. ½ Stunde
Kühlzeit: ca. ½ Stunde

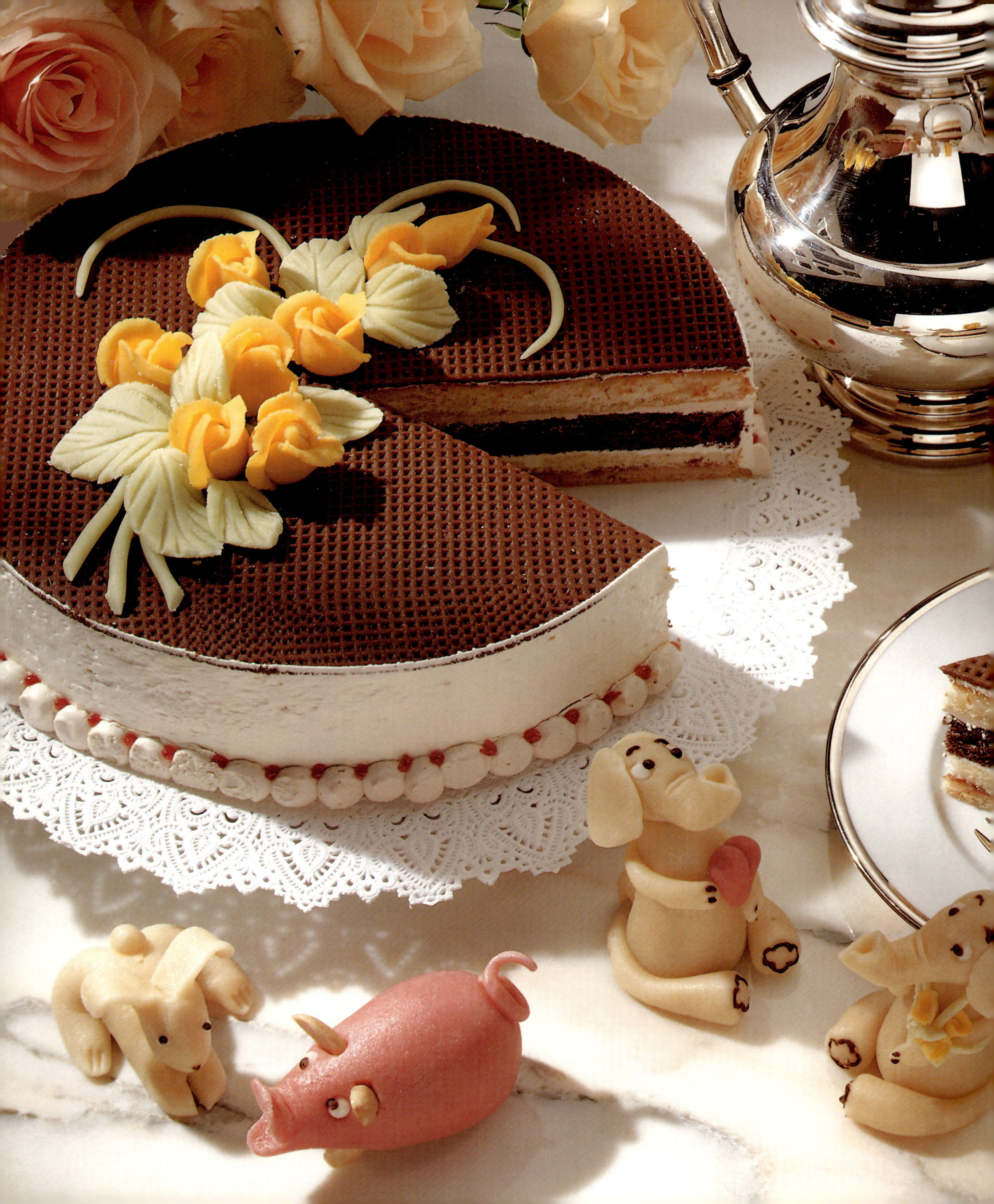

SÜSSE GARNITUREN UND TORTENTRÄUME

Marzipan und Kuvertüre

Marzipan

In Lebensmittelgeschäften gibt es Marzipanrohmasse zu kaufen, die aus zwei Teilen süßen Mandeln und aus einem Teil Zucker besteht. Vor der weiteren Verwendung muß diese Rohmasse jedoch noch mit feingesiebtem Puderzucker verknetet werden. Pro 100 g Marzipanrohmasse benötigt man dafür etwa 50 g Puderzucker. Verkneten Sie beide Zutaten sehr sorgfältig miteinander, und verwenden Sie das fertige Produkt relativ rasch, denn es trocknet leicht aus und läßt sich dann nicht mehr optimal verarbeiten. Bereiten Sie daher immer nur die Menge an Marzipanmasse zu, die Sie später weiterverarbeiten möchten. Um etwas mehr Abwechslung in die süße Marzipanküche zu bringen, können Sie die vorbereitete Marzipanmasse mit feingesiebtem Kakaopulver oder mit Lebensmittelfarbe einfärben. Dazu das Marzipan mit dem Handrücken flachdrücken und in die Mitte den Kakao oder die Lebensmittelfarbe geben. Die Seiten des Marzipans zur Mitte hin einschlagen und alles gut durchkneten, bis das Marzipan eine gleichmäßige Farbe hat.

Kuvertüre

Für Schokoladenglasuren, kleine aus Schokolade ausgestochene Formen und aus Schokolade gespritzte Motive verwendet man am besten Kuvertüre. Diese gibt es im Handel in verschiedenen Geschmacksrichtungen (Vollmilch, Zartbitter und weiße Kuvertüre) zu kaufen. Einfache Blockschokolade kann man auch für Glasuren verwenden. Sie enthält jedoch zu wenig Fett und muß mit Kokosfett oder Kakaobutter angereichert werden, daher sollten Sie stets Kuvertüre bevorzugen. Um mit Kuvertüre arbeiten zu können, muß sie zunächst geschmolzen werden. Dazu die benötigte Menge Kuvertüre in große Stücke zerbrechen, zwei Drittel davon in eine kleine, trockene Schüssel geben und diese in ein heißes Wasserbad (50°C) stellen. (Würde man die Kuvertüre direkt in einem Topf auf der Herdplatte erwärmen, könnte sie leicht anbrennen.) Sobald sich die Kuvertüre vollständig aufgelöst hat (zwischendurch öfter rühren), die Schüssel aus dem Wasserbad nehmen und die restliche, noch feste Kuvertüre dazugeben. Sie unter Rühren in der flüssigen Kuvertüre auflösen. Dann die Kuvertüre wieder vorsichtig unter Rühren im Wasserbad (40°C) erwärmen, bis sie eine Temperatur von etwa 32°C erreicht hat. Die Schüssel aus dem Wasserbad nehmen und die Kuvertüre verarbeiten. Sie eventuell nochmals im Wasserbad etwas erwärmen, falls sie während der Verarbeitung zu fest werden sollte. Erhitzt man die Kuvertüre über 34°C, dann trennt sich die Kakaobutter von der Kakaomasse ab und schwimmt oben auf der Kuvertüre. Beim Erkalten bildet die abgetrennte Kakaobutter dann unschöne weiße Flecken auf der Oberfläche. Achten Sie daher immer auf die richtige Temperierung, und erwärmen Sie die Kuvertüre stets von einer niedrigeren Temperatur aus auf 32°C; nie von einer höheren Temperatur aus auf 32°C abkühlen!

Süße Garnituren und Tortenträume

Warenkunde: Marzipan und Kuvertüre 107

Marzipan

Marzipan ausrollen

Die vorbereitete Marzipanmasse (Seite 106) mit einem Nudelholz 4 bis 5 mm dick ausrollen (1). Die Arbeitsplatte vorher mit etwas Puderzucker bestreuen, damit das Marzipan daran nicht klebenbleibt.

Marzipan ausstechen

Aus dem ausgerollten Marzipan mit verschiedenen Ausstechern kleine Formen ausstechen (2) und diese zu Ornamenten legen. Besonders hübsch sieht es aus, wenn man in verschiedene Farben eingefärbtes Marzipan aussticht und diese Formen dann miteinander kombiniert.

Marzipan ausschneiden

Diese Technik wendet man an, wenn größere Formen benötigt werden, für die es keine Ausstecher gibt. Zunächst das gewünschte Motiv auf eine dünne Pappe aufzeichnen und dann ausschneiden. Die entstandene Schablone auf die 4 mm dick ausgerollte Marzipanmasse legen (3) und das Motiv mit einem kleinen Messer ausschneiden. Es vorsichtig mit einem breiten Spatel von der Arbeitsfläche abheben und dann weiterverwenden (zum Beispiel zum Garnieren einer Torte).

Marzipantütchen

Aus der etwa 4 mm dick ausgerollten Marzipanmasse mit einem runden, glatten oder einem runden, gewellten Ausstecher (5 cm ⌀) einen Kreis ausstechen. Diesen einmal bis zur Mitte einschneiden (4) und die entstandenen Enden zusammendrücken, so daß eine kleine Tüte entsteht (5).

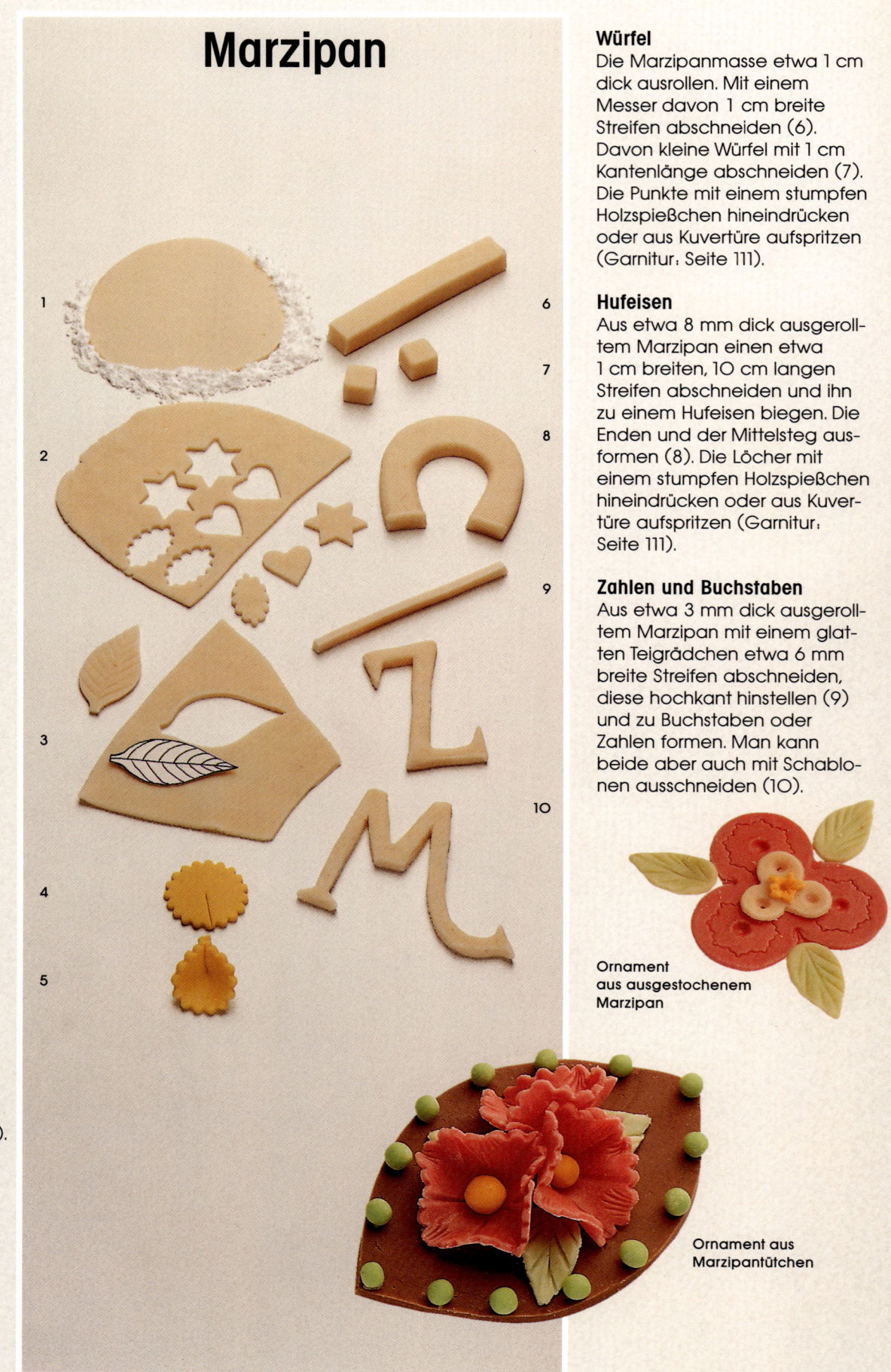

Würfel

Die Marzipanmasse etwa 1 cm dick ausrollen. Mit einem Messer davon 1 cm breite Streifen abschneiden (6). Davon kleine Würfel mit 1 cm Kantenlänge abschneiden (7). Die Punkte mit einem stumpfen Holzspießchen hineindrücken oder aus Kuvertüre aufspritzen (Garnitur, Seite 111).

Hufeisen

Aus etwa 8 mm dick ausgerolltem Marzipan einen etwa 1 cm breiten, 10 cm langen Streifen abschneiden und ihn zu einem Hufeisen biegen. Die Enden und der Mittelsteg ausformen (8). Die Löcher mit einem stumpfen Holzspießchen hineindrücken oder aus Kuvertüre aufspritzen (Garnitur, Seite 111).

Zahlen und Buchstaben

Aus etwa 3 mm dick ausgerolltem Marzipan mit einem glatten Teigrädchen etwa 6 mm breite Streifen abschneiden, diese hochkant hinstellen (9) und zu Buchstaben oder Zahlen formen. Man kann beide aber auch mit Schablonen ausschneiden (10).

Ornament aus ausgestochenem Marzipan

Ornament aus Marzipantütchen

108 Süße Garnituren und Tortenträume

Ornamente aus ausgestochenem Marzipan: Aus in verschiedene Farben eingefärbtem und etwa 4 mm dick ausgerolltem Marzipan mit Ausstechern unterschiedliche Formen ausstechen. Diese zu Ornamenten zusammenfügen und Muster aus flüssiger Kuvertüre (Seite 114) darauf spritzen.

Blumenstrauß mit Vase: Aus etwa 4 mm dick ausgerolltem Marzipan, das zuvor in drei verschiedene Farben eingefärbt wurde, mit Hilfe von Schablonen und mit kleinen Ausstechern die benötigten Formen ausstechen. Diese zusammen mit dünnen Streifen Angelika (Engelwurz) zu einer Blumenvase legen.

Blumenwiese aus Marzipan: Sie wird nach der gleichen Methode hergestellt wie die Blumenvase.

Ornament aus Marzipantütchen: Aus etwa 4 mm dick ausgerolltem Marzipan drei runde, gewellte Kreise ausstechen. Mit einem Messer sternförmige Linien hineindrücken, die Kreise einmal bis zur Mitte einschneiden und zu Tütchen formen. Jeweils in die Mitte eine Marzipankugel setzen. Aus mit Kakao eingefärbtem, etwa 4 mm dick ausgerolltem Marzipan eine Ellipse ausstechen und die Tütchen darauf setzen. Mit Marzipanblättern verzieren. Aus grün eingefärbtem Marzipan mit den Händen kleine Kügelchen formen und diese als Ring um die Tütchen setzen.

Blumenstrauß mit Vase

Blumenwiese aus Marzipan

Marzipan

Modellieren mit Marzipan
Auch zum Modellieren von kleinen Figuren verwendet man die mit Puderzucker verknetete Marzipanrohmasse (Seite 106), die dann nach Belieben und nach herzustellender Figur in verschiedene Farben eingefärbt werden kann. Zunächst modelliert man mit den Händen und mit Modellierhölzern die einzelnen Grundformen der Figur und klebt sie dann mit Zuckerglasur (Seite 116) zusammen. Achten Sie beim Zusammensetzen darauf, daß die Figur gut steht (sie eventuell an der Standfläche ein wenig abflachen) und nicht nach einer Seite kippt.

Marzipanbirne
Ein etwa 80 g schweres Stück Marzipan mit den Händen zu einer Kugel formen (1). Die Kugel zu einer Birne formen und an der Unterseite mit einem Modellierholz eine Einkerbung hineindrücken (2). Ein kleines, braunes Marzipanstück hineinstecken. Als Stiel ein Stück Angelika in die Birne drücken. Eine schöne Marmorierung erhält die Birne, wenn man sie mit speziellem Lebensmittellack einsprüht. Fragen Sie hierzu Ihren Konditor.

Marzipanapfel
Er wird hergestellt wie die Birne, nur verwendet man hier eine Marzipankugel als Grundform.

Marzipanpilz
Aus einem kleinen Stück Marzipan mit den Händen eine kurze Rolle formen und sie zu einem Pilzstiel modellieren (3). Dann aus etwas rotem Marzipan eine Kugel formen, sie mit einem Messer halbieren und die Schnittfläche der einen Halbkugel ein wenig nach innen drücken. Aus weißem Marzipan kleine Kugeln formen, sie flachdrücken und mit Zuckerglasur (Seite 116) am Pilzkopf befestigen (4). Den Pilzkopf auf den Pilzstiel setzen und die zwei Teile mit etwas Zuckerglasur zusammenkleben.

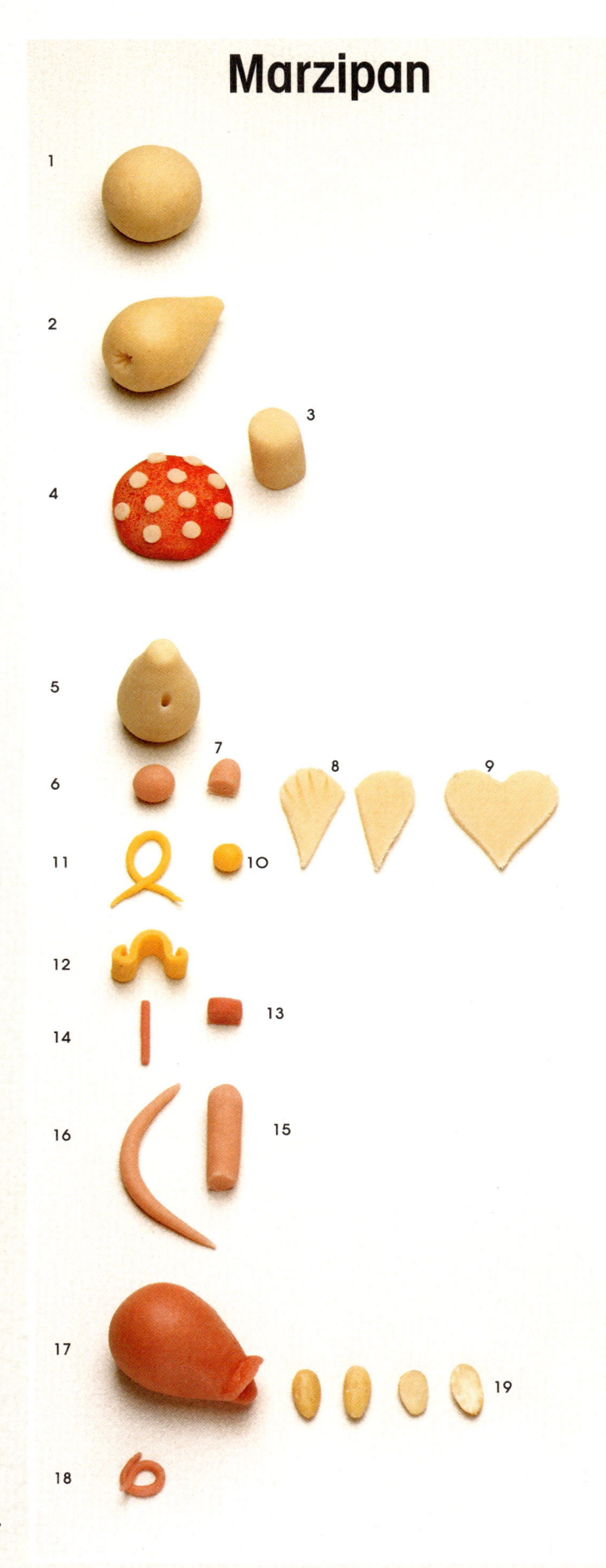

Marzipanengel
Für den Körper ein birnenförmiges Marzipanteil formen und vorn ein Loch hineinstechen (5). Der Kopf wird aus einer größeren Kugel gemacht (6), den Mund aus einer kleinen Kugel formen (7) und in die Mitte mit einem Modellierholz eine Vertiefung hineindrücken. Die Flügel (8) aus einem ausgestochenen Herz (9) herstellen. Für das Halstuch eine Marzipankugel (10) zu einem kleinen Band ausrollen (11). Die Haare aus einem schmalen Marzipanstreifen formen (12). Für die Kerze aus rosafarbenem Marzipan (13) eine dünne Rolle formen (14), die Arme (16) aus einer dicken Rolle (15) herstellen. Die einzelnen Teile, wie im Foto rechts gezeigt, zu einem Engel zusammensetzen und die Augen mit Zuckerglasur und Kuvertüre aufspritzen.

Marzipanschweinchen
Aus einem etwa 80 g schweren Stück Marzipan mit den Händen eine Birne formen. Sie an der schmaleren Seite flachdrücken, einmal ein wenig einschneiden und mit einem Modellierholz ein Schnäuzchen daraus formen (17). Für das Schwänzchen ein kleines Stück Marzipan zu einer dünnen Rolle drehen, sie an der einen Seite spitz zulaufen lassen, zu einem Kringel drehen (18) und mit etwas Zuckerglasur am Hinterteil des Schweinchens befestigen. Dann vier geschälte und der Länge nach halbierte Mandeln (19) als Ohren und Vorderfüße in das Schweinchen stecken. Ein Gesicht aufspritzen.

Marzipanhäschen: Für den Kopf ein tropfenförmiges Marzipanstück am spitzen Ende einschneiden und es auf eine große Kugel setzen. Für Arme und Beine dünne Marzipanröllchen, für den Schwanz eine kleine Kugel am Körper festdrücken. Das Gesicht mit Kuvertüre aufspritzen.

110 Süße Garnituren und Tortenträume

Marzipanhase: Für den Kopf ein tropfenförmiges Marzipanstück am spitzen Ende einschneiden. Für den Körper die Enden einer dicken Marzipanrolle einschneiden und zu Beinen formen. Den Kopf darauf setzen. Gesicht mit Kuvertüre und Glasur aufspritzen.

Marzipanengel

Marzipanpilz im Nest

Marzipanhase

Marzipanhufeisen

Marzipanschweine

Marzipanapfel

Marzipanbirnen

Marzipanhäschen

Marzipanwürfel

Marzipanpilz im Nest: Aus Kuvertüre einen Kreis ausstechen (Seite 112) und einen Marzipanpilz darauf setzen. Für das Moos durch ein feines Sieb gedrücktes Marzipan daneben legen. Aus grüngefärbtem Marzipan mit den Händen dünne Röllchen formen, sie in kleine Stücke schneiden und zu U-Bögen formen. Diese mit Zuckerglasur (Seite 116) wie Zaunlatten auf dem Kuvertüreboden befestigen.

Marzipan 111

Kuvertüre

Kuvertüre ausstreichen
Etwas temperierte Kuvertüre (Seite 106) auf ein glattes Stück Pergamentpapier gießen und mit einem breiten, großen Messer oder mit einer Palette 2 bis 3 mm dick ausstreichen. Nun die Kuvertüreschicht etwas fest werden lassen, aber nicht so fest, daß sie beim Ausstechen oder Ausschneiden bricht.

Kuvertüre schneiden und ausstechen
Die Kuvertüre wie oben beschrieben ausstreichen. Dann zum Ausschneiden ein großes Messer kurz in heißes Wasser tauchen und damit aus der Kuvertüre Formen (Rauten, Quadrate oder Rechtecke) ausschneiden (1). Die Kuvertüre an einem kühlen Ort ein wenig fest werden lassen, dann die Formen mit einem breiten Messer vom Pergamentpapier abheben und auf einem anderen Papier vollständig erstarren lassen. Zum Ausstechen verschiedener Formen (2) werden die Ausstecher vor der Verwendung ebenfalls in heißes Wasser getaucht.

Kuvertüreröllchen
Die temperierte Kuvertüre (Seite 106) mit einer Palette oder mit einem großen, breiten Messer auf einer Marmorplatte dünn ausstreichen. Für die Weiterverarbeitung sollte sie etwa halb fest sein. Einen Spachtel im flachen Winkel am Rand der ausgestrichenen Kuvertüre ansetzen und ihn 2 bis 3 cm weit vorschieben. Durch das Schieben entsteht ein feines Kuvertüreröllchen (3).

Kuvertürefächer
Einen Spachtel im flachen Winkel am Rand der ausgestrichenen Kuvertüre (siehe Kurvertüreröllchen) ansetzen. Ihn etwa 2 cm weit nach vorne schieben, dabei aber das eine Ende der sich kräuselnden Kuvertüre mit einem Finger leicht festhalten, so daß ein Fächer entsteht (4).

Kuvertüreblätter
Etwas temperierte Kuvertüre (Seite 106) in einer Schale bereitstellen. Kleine, glatte Blätter mit Stiel (Rosenblätter, Birkenblätter und ähnliche) gut waschen und trockentupfen. Die Blätter am Stiel fassen und ihre Oberseite ganz flach über die Kuvertüreoberfläche ziehen. Die überschüssige Kuvertüre an den Blättern am Schüsselrand abstreifen und die überzogenen Blätter mit der Schokoladenseite nach oben auf ein Pergamentpapier legen. Die Kuvertüre am Blatt an einem kühlen Ort vollständig fest werden lassen, dann das Blatt vorsichtig von der Schokolade abziehen (5).

Kuvertüretarteletts
Ein kleines Metallförmchen gut waschen, trockentupfen und kühl stellen. Es dann bis zum Rand mit temperierter Kuvertüre (Seite 106) füllen und sie gleich wieder ausgießen. Den durch das Gießen entstandenen Rand mit einem Messer abschneiden. Das Förmchen in den Kühlschrank stellen, bis die Kuvertüre fest ist (6). Dann das Tartelett mit einem Messer vorsichtig aus der Form lösen und beliebig füllen.

112 Süße Garnituren und Tortenträume

Schokoladenschächtelchen

Ornamente aus ausgestochener Kuvertüre: Aus ausgestochenen Kuvertüreformen und ausgestochenem Marzipan (Seite 108) verschiedene Ornamente legen.

Schokoladenschächtelchen: Für jedes Schächtelchen drei Quadrate (3 cm Seitenlänge) aus Zartbitterkuvertüre und zwei Quadrate (3 cm Seitenlänge) aus weißer Kuvertüre ausschneiden. Die Quadrate mit Zuckerglasur (Seite 116) zu einem Schächtelchen zusammenkleben und es fest werden lassen. Es dann mit Sahne füllen und mit einem Erdbeerviertel und einem Zitronenmelisseblatt garnieren.

Kuvertürefächer

Ornamente aus ausgestochener Kuvertüre

Kuvertüreröllchen

Kuvertüre

Kuvertüre

Spritztüte herstellen und füllen

Ein quadratisches Stück Pergamentpapier (15 x 15 cm groß) diagonal falten und an der Falzkante mit einem Messer durchschneiden. Für ein Tütchen verwendet man eines der beiden entstehenden Dreiecke (1). Das Dreieck von einer schmalen Seite her zu einem Tütchen zusammenrollen (2), das unten eine geschlossene Spitze hat (3). Das Tütchen mit der unteren Spitze in einen Flaschenhals stecken, damit es Halt hat, und bis zur Hälfte mit der temperierten Kuvertüre (Seite 106) füllen. Die hintere, hohe Tütenspitze nach vorne umfalten, die beiden oberen Ecken ebenfalls nach vorne umfalten und die Tüte langsam nach unten einrollen (5), bis das Papier leichten Druck auf das Tüteninnere ausübt.

Filigrane Ornamente spritzen

Die zu spritzenden Ornamente mit einem schwarzen Filzstift auf ein Blatt weißes Papier zeichnen und ein glattes Stück Pergamentpapier darüberlegen (4). Die temperierte Kuvertüre (Seite 106) in die selbst hergestellte Spritztüte füllen (wie oben beschrieben) und die Tütenspitze mit einer Schere in der gewünschten Stärke abschneiden (5). Schneidet man viel ab, wird das Loch groß, schneidet man wenig ab, wird das Loch dementsprechend klein und die damit gespritzte Garnitur somit filigraner. Die Tüte in die linke Hand legen, mit der rechten Hand einen leichten Druck auf die Tüte ausüben und dann das aufgezeichnete Ornament, möglichst mit ruhiger Hand und mit gleichmäßigem Druck, auf dem Pergamentpapier nachspritzen. Die Tütenspitze dabei nicht zu dicht über das Pergamentpapier halten, sonst sieht man nicht, was man spritzt.

Die fertigen Ornamente an einem kühlen Ort vollständig erkalten lassen, sie dann mit einem scharfen Messer vorsichtig vom Pergamentpapier abheben. Diese filigranen Ornamente lassen sich bereits einige Tage vor ihrer Verwendung (für Torten, Petits fours, Desserts und ähnliches) herstellen. Man lagert sie schichtweise zwischen kleinen Pergamentpapierblättern in einer gut verschlossenen Plastikdose. Bei 10 bis 15 °C sind sie so drei bis vier Wochen haltbar.

Süße Garnituren und Tortenträume

Kuvertüre 115

Puderzucker, Kakao, Buttercreme und Zuckerglasur

Puderzucker

Mit Puderzucker, auch Staubzucker genannt, kann man einfarbige Kuchen ganz einfach zu einem Blickfang machen, indem man diese damit bestäubt. Besonders schön sehen Kuchen aus, die mit Hilfe von Schablonen bestäubt wurden.

Kakaopulver

Auch Kakaopulver eignet sich gut zum Bestäuben von Kuchen und Torten. Nehmen Sie aber immer echtes Kakaopulver und keinen Instantkakao. Zum Bestäuben verwendet man hier, wie auch beim Puderzucker, ein Haarsieb.

Buttercreme

Buttercreme verwendet man hauptsächlich zum Bestreichen üppiger Torten, zum Füllen und auch zum Garnieren. Wichtig ist, daß sie geschmacklich zur Torte paßt und sich gut verarbeiten läßt. Hier ein Grundrezept für **französische Buttercreme**: Drei Eier zusammen mit vier Eigelben in eine feuerfeste Schüssel geben. 150 g Zucker und ein Päckchen Vanillezucker bei mittlerer Hitze unter ständigem Rühren dazugeben und alles schlagen, bis eine dicke Creme entsteht. Die Schüssel vom Herd nehmen und die Creme so lange rühren, bis sie kalt ist. 350 g Butter mit dem Handrührgerät schaumig-weiß rühren und die kalte Eiercreme darunterziehen.
Hübsch sieht es aus, wenn die Ornamente aus verschiedenfarbigen Cremes gespritzt werden. Dazu die Grundmasse teilen und verschieden einfärben. Für braune Creme verwendet man feingesiebtes Kakaopulver mit etwas Zucker, für bunte Cremes feines Fruchtpüree, das durch ein Sieb gestrichen wurde. Aber Vorsicht, Fruchtzusätze und Geschmacksgeber, wie Spirituosen und Liköre, immer in kleinen Mengen unter die Creme rühren, damit sie nicht gerinnt.

Zuckerglasur

Sie wird zum Überziehen festlicher Kuchen und Torten sowie zum Glasieren kleiner Gebäckstückchen, wie zum Beispiel Petits fours, verwendet. Glasuren verleihen jeder Art von Gebäck nicht nur ein festliches Aussehen, sie schützen es auch vor schnellem Austrocknen. Die Glasur läßt sich auf verschiedene Arten herstellen, am einfachsten aus Fondantmasse (man kann sie beim Konditor fertig kaufen). Für eine Torte normaler Größe rechnet man etwa 250 g Fondantmasse. Diese wird in einer kleinen Schüssel im heißen Wasserbad auf maximal 30°C erwärmt. Eventuell können Sie sie auch noch mit etwas Limettensaft oder Likör verfeinern. Zum Einfärben verwendet man zum Beispiel Safran (gelb), löslichen Kaffee (braun) und Rote-Bete-Saft (rosa). Aber auch mit Lebensmittelfarbe lassen sich hübsche Akzente setzen.
Wer sich seine Zuckerglasur selbst herstellen möchte, verrührt etwa 200 g feingesiebten Puderzucker mit 2 bis 3 Eßlöffeln kochend heißem Wasser oder mit einem Eiweiß (dann bekommt die Glasur später einen besonders schönen Glanz). Die entstandene Glasurmasse sollten Sie noch einmal durch ein Sieb streichen, damit sie keine Klümpchen mehr enthält. Diese Glasur kann natürlich ebenfalls beliebig eingefärbt werden.

Süße Garnituren und Tortenträume

Warenkunde: Puderzucker, Kakao, Buttercreme und Zuckerglasur 117

Puderzucker und Kakao

Schablonen herstellen

Torten und Kuchen, die mit einer hellen oder dunklen Buttercreme, mit Sahne oder mit Schokoladenkuvertüre überzogen wurden, kann man mit Hilfe von Puderzucker oder Kakaopulver, einem feinen Sieb und selbstgefertigten Schablonen ganz einfach zu einem attraktiven Blickfang auf der Kaffeetafel machen.
Die Schablonen sollten immer aus kräftigem Papier ausgeschnitten werden (1), damit sie sich beim späteren Abheben nicht durchbiegen und so das Muster zerstören. Wichtig ist es, an kleinen Schablonen Laschen zum Abheben anzubringen. Dafür einen etwa 10 cm langen, schmalen Papierstreifen in der Mitte quer falten, die beiden Enden auf gleicher Höhe nach außen knicken (2) und mit Klebstoff auf der Mitte der Schablone befestigen (3). Diese darf dabei kein Übergewicht zu einer Seite bekommen. An größeren Schablonen sollte man sicherheitshalber zwei sich gegenüberliegende Laschen anbringen.

Streifenmuster und Gittermuster

Am einfachsten lassen sich Muster mit Papierstreifen herstellen. Diese sollten in der Regel zwischen 6 und 8 cm breit und etwa 10 cm länger sein als die zu belegende Torte. Laschen werden nicht benötigt. Die Streifen entweder parallel oder über Kreuz vorsichtig auf die Torte legen und an den Seiten jeweils 5 cm überstehen lassen. Je nach Grundfarbe der Torte deren Oberseite entweder mit Puderzucker oder mit Kakao mit einem feinen Sieb vollständig bestäuben. Dann die Streifen einzeln mit den Händen an den Enden fassen und ganz vorsichtig senkrecht nach oben von der Torte abheben.

Fächermuster

Aus dünner Pappe die in Abbildung 4 gezeigte Schablone ausschneiden. Sie auf eine runde Torte legen und diese bestäuben. Dann die Schablone ganz vorsichtig mit beiden Händen senkrecht nach oben abheben.

Quadratische Torte mit Gittermuster: Mehrere schmale Papierstreifen wie ein Gitter auf eine mit dunkler Kuvertüre überzogene quadratische Torte legen. Diese mit Puderzucker bestäuben und dann die Streifen einzeln vorsichtig abheben.

Herztorte mit Liebesapfelmotiv: Aus sehr festem Papier oder dünner Pappe einen Apfel ausschneiden und in der Mitte eine Lasche anbringen. Die Schablone auf eine mit Buttercreme (Seite 116) überzogene Herztorte legen, mit einem Sieb Kakaopulver darüberstäuben und die Schablone vorsichtig abheben. Den unteren Tortenrand und den Apfel mit rosafarbenem Marzipan (Seite 106) garnieren. Auf den oberen Tortenrand kleine Tupfen aus brauner Buttercreme (Seite 116) setzen und die Torte mit gekauften Zuckerblumen sowie mit Pistazien verzieren.

Torte mit Sternmuster: Einen Pappkreis (30 cm ⌀) mit einem herausgeschnittenen großen Stern auf die mit Marzipan verkleidete Torte (Seite 124) legen und sie mit Kakao bestäuben. Abheben. Einen Pappkreis (30 cm ⌀) mit einem herausgeschnittenen kleinen Stern ganz dicht über die Torte halten (er darf die Torte nicht berühren) und sie mit Puderzucker bestäuben. Den Tortenrand mit flüssiger Kuvertüre verzieren (Seite 114).

Torte mit Sternmuster

Torte mit Gittermuster

Herztorte mit Liebesapfelmotiv

Puderzucker und Kakao 119

Buttercreme

Einzelne Tortenstücke und auch ganze Torten kann man mit gespritzten Ornamenten aus Buttercreme (Seite 116) oder auch steifgeschlagener Sahne phantasievoll verzieren. Man benötigt dazu einen Spritzbeutel mit verschiedenen Tüllen (je nach gewünschtem Ornament) und eine ruhige Hand. Je kleiner die Öffnung der Tülle ist, desto feiner wird nachher auch das gespritzte Ornament.

Ornamente spritzen

Den Spritzbeutel mit der gewünschten Tülle bestücken, etwa zur Hälfte mit der Creme (Seite 116) füllen und oben durch Drehen verschließen (1). Den Beutel in die linke Hand legen und auch damit führen. Den Beutel mit der rechten Hand verschlossen halten und ihn leicht pressen, so daß die Creme gleichmäßig aus der Tülle herauskommt. Die Ornamente mit gleichmäßigen Bewegungen spritzen, den Beutel nie ruckartig bewegen. Anfänger sollten ihre Ornamente erst einmal auf Alufolie spritzen (2), ehe sie sich an die Torte wagen. Die Creme auf der Folie läßt sich später zum Spritzen weiterverwenden.

Punkte

Mit einer Lochtülle einen Punkt spritzen. Wenn er die gewünschte Größe erreicht hat, keine Creme mehr aus der Tülle drücken und sie senkrecht nach oben wegziehen (3). Einzelne Tupfen kann man auch zu einer Tupfenkette aneinanderreihen (4).

Sterne

Mit einer Sterntülle einen Stern spritzen. Wenn er die gewünschte Größe hat, die Tülle senkrecht nach oben wegziehen, dann den Spritzbeutel aber nicht mehr drükken (5). Auch Sterne kann man zu einer Kette zusammensetzen (6).

Rosetten

Mit einer Sterntülle mit kreisförmiger Bewegung eine Rosette spritzen und die Tülle unter leichter Drehung senkrecht nach oben wegziehen (7). Große Rosetten kann man mit Kirschen, Beeren oder Schokoladenkaffeebohnen garnieren. Mehrere Rosetten ergeben ein Rosettenband (8). Rosetten kann man auch mit einer Lochtülle spritzen.

Wellen

Mit einer Sterntülle einen kurzen Streifen spritzen und dabei die Tülle ein wenig nach oben anheben, dann unter fortwährendem Drücken des Beutels nach unten ziehen (9). Wiederholt man diese Wellenbewegung und setzt die Tülle dabei niemals ab, erhält man ein Wellenband (10). Wellenbänder lassen sich auch mit einer Lochtülle spritzen.

Buttercreme 121

Weiße Buttercremetorte mit
Streifenmuster

Braune Buttercremetorte
mit Buttercremeherzen

Süße Garnituren und Tortenträume

Braune Buttercremetorte
mit Buttercremeschwänen

Runde Marzipantorte mit
Kuvertüremuster

Buttercreme 123

Zuckerglasur und Marzipanmantel

Auftragen von Zuckerglasur
Auf glatte Tortenoberflächen trägt man die Zuckerglasur mit einem in warmes Wasser getauchten, breiten Messer oder mit einer Palette auf. Auf kleinem Gebäck und auf hohen Kuchen verteilt man sie mit Hilfe eines Pinsels. Petits fours kann man auch ganz in die Glasur tauchen (sie dazu auf eine Gabel setzen) und dann auf einem Kuchengitter trocknen lassen.

Streifenmuster aus Zuckerglasur
Die Torte mit heller Zuckerglasur (Seite 116), die mit Rum aromatisiert wurde, überziehen. Die Glasur muß noch weich sein. Braune Zuckerglasur (mit Mokka gefärbt) mit einer selbstgemachten Spritztüte (Seite 114) in parallelen Linien auf die noch weiche Glasur spritzen. Dann mit einem Messer im rechten Winkel zu den braunen Linien abwechselnd von oben nach unten und von unten nach oben parallele Linien durch die Glasur ziehen (1).

Runde Petits fours: Die Petits fours mit weißer Zuckerglasur überziehen und nach dem Trocknen mit einer Marzipanblüte, mit Angelikastreifen, Johannisbeergelee und gespritzter Kuvertüre (Seite 114) verzieren.

Petits-fours-Rauten: Die Petits fours mit rosafarbener Zuckerglasur überziehen (mit Rote-Bete-Saft eingefärbt) und nach dem Trocknen mit einem Angelikastreifen, Johannisbeergelee und gespritzter Kuvertüre (Seite 114) verzieren.

Marzipanmantel für runde Torten
Zum Verkleiden einer runden Torte aus Papier eine runde Schablone schneiden, die einen größeren Durchmesser besitzt als die Torte. Man rechnet dazu den Durchmesser der Torte plus zweimal die Tortenhöhe (2). So ist nach dem Verkleiden die ganze Torte in Marzipan eingehüllt. Für eine Torte mit 26 cm Durchmesser und 5 cm Höhe rechnet man zum Verkleiden etwa 250 g Marzipanrohmasse. Diese mit 125 g Puderzucker verkneten und mit einem Nudelholz auf der Arbeitsfläche dünn zu einem Kreis ausrollen. Die Schablone darauf legen und aus der Marzipanmasse den Kreis mit einem Messer ausschneiden. Den Marzipankreis vorsichtig auf die Torte legen und oben leicht festdrücken (3). Dann die überstehenden Ränder nach unten drücken, so daß sie die Tortenseiten vollständig ummanteln.

Runde Petits fours

Petits-fours-Rauten

Herztorte

Herztorte: Herztorte mit vorbereitetem Marzipan (Seite 106) verkleiden. Dafür je eine Schablone für die Herzoberfläche und für die Randseiten herstellen. Die zwei Formen aus dünn ausgerolltem Marzipan ausschneiden. Zuerst den herzförmigen Deckel auf die Torte legen. Dann den langen Seitenstreifen um die Seiten legen, festdrücken und die Kanten zusammendrücken. Ein Marzipanherz auf die Torte legen und sie mit Silberperlen, Zuckerblumen, Marzipantütchen (Seite 108) und gespritzter Kuvertüre (Seite 114) verzieren.

Runde Torte mit Streifenmuster

Runde Torte mit Glasurfächer: Die Torte wird garniert, wie links unter „Streifenmuster aus Zuckerglasur" beschrieben. Nur diesmal mit dem Messer keine parallelen Linien ziehen, sondern die Linien wie einen Fächer anordnen. Die Torte mit Marzipanblättchen (Seite 108) und Marzipanrosen verzieren. Für eine Rose mehrere hauchdünn ausgerollte Marzipankreise von oben nach unten und immer sich leicht überlappend wie Blütenblätter an ein aufrechtstehendes, birnenförmiges Marzipanstück andrücken. Dann das Mittelstück unten gerade abschneiden und die Rose auf die Torte setzen.

Runde Torte mit Streifenmuster: Die Torte herstellen, wie links unter Schritt 1 beschrieben, und sie mit Marzipantütchen (Seite 108) verzieren.

Runde Torte mit Glasurfächer

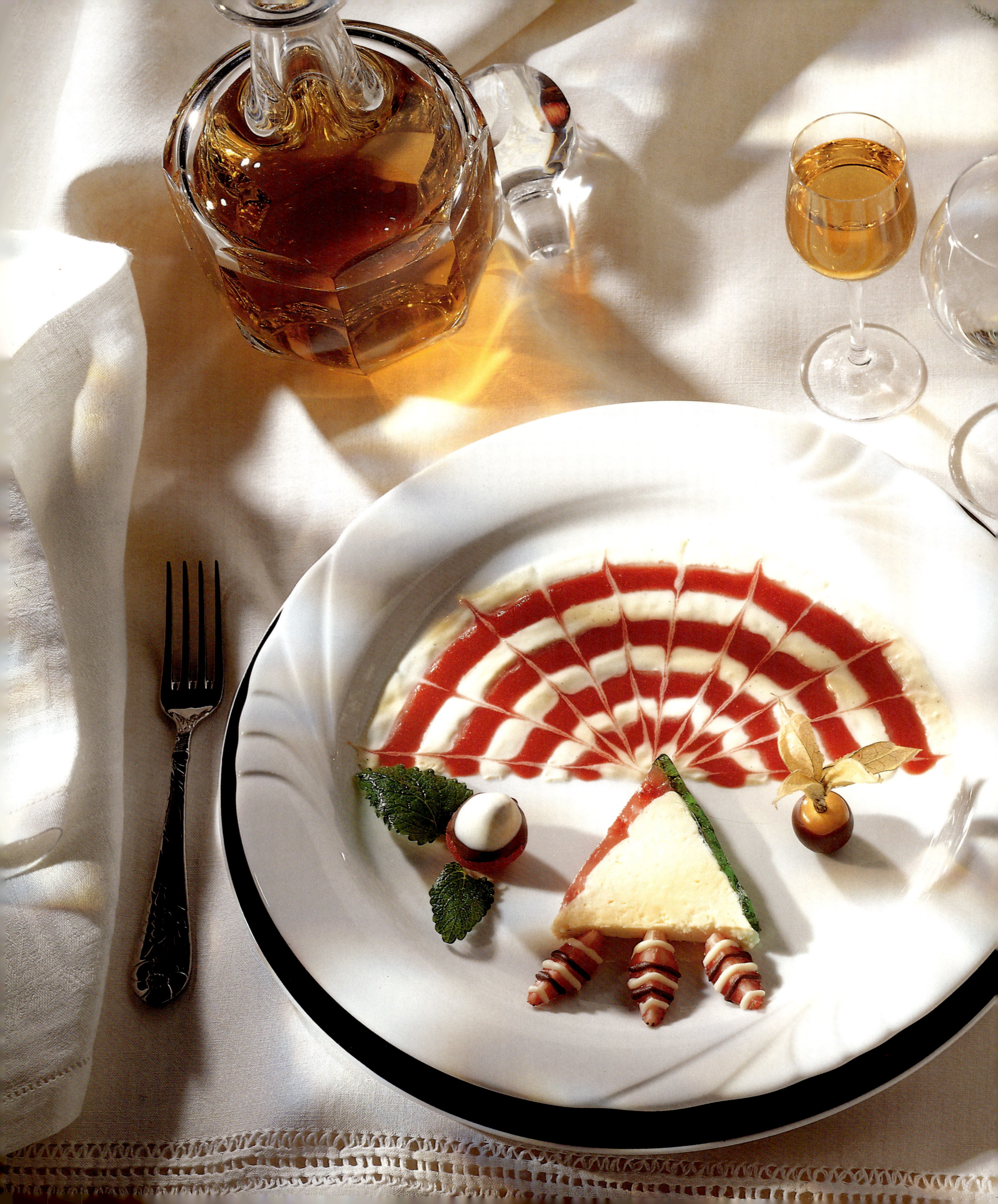

TELLER-, PLATTEN- UND GETRÄNKE- DEKORATIONEN

Kleine Desserts, wie Eiskugeln, Parfaitscheiben, süße Obstsoufflés und ähnliches, lassen sich auf einem Teller sehr hübsch anrichten, wenn diese zuvor mit Hilfe von Schablonen und einem kleinen Haarsieb mit Puderzucker oder mit Kakaopulver bestäubt wurden. Die gleiche Technik verwendet man auch häufig zum Garnieren von Torten (Seite 118). Für Muster aus Puderzucker sollte man dunkle Teller, für Muster aus Kakaopulver helle Teller nehmen. Die Teller sollten dabei möglichst groß sein und einen flachen Rand (möglichst ohne Muster) besitzen. Wichtig ist bei dieser Technik, daß nicht der gesamte Tellerrand bestäubt wird, denn sonst verwischt man beim Tragen des Tellers die Muster. Also immer eine Ecke oder besser noch die Hälfte des Tellerrands freilassen.

Tellerdekorationen mit Puderzucker und Kakao

Kleine Schablonen
Die gewünschte Form auf ein festes, weißes Papier aufzeichnen und ausschneiden (hier zum Beispiel einen Stern). Dann das Papier um die ausgeschnittene Form herum zu einer schuhlöffelähnlichen Form schneiden, damit man für das spätere Abheben der Schablone eine lange Lasche hat (1).

Größere Schablonen
Größere Schablonen (2) bedecken beim Bestäuben den ganzen Teller. Das Muster befindet sich meist in der Tellermitte, auf die dann später das Dessert gesetzt wird. Diese Schablonen brauchen keine Lasche. Man faßt sie zum Abheben an zwei gegenüberliegenden Enden an und hebt sie vorsichtig nach oben ab.

Streifenmuster
Aus dünner Pappe die in Schritt 3 gezeigte Schablone ausschneiden, sie auf den Teller legen und diesen dann mit Kakao bestäuben.

Teller mit Stern

Teller mit Sekt-
glas und Sternen

Teller mit Sektglas und Sternen:
Die Sterne aus Kakao nach der
in Schritt 1 gezeigten Technik
auf den Teller stäuben. Für
das Sektglas eine Schablone
herstellen, wie in Schritt 1
gezeigt, und den Teller mit
Kakao bestäuben. Das Glas
innen mit einem Löffel vorsichtig mit Puderzucker bestreuen.
Eventuell ausgefranste Konturen mit einem Messer
begradigen.

Teller mit
Blütenmuster

Teller mit Streifenmuster

Teller mit Blütenmuster:
Nach der in Schritt 2 gezeigten
Technik vorgehen.

Teller mit Tropfenmuster:
Nach der in Schritt 1 gezeigten
Technik vorgehen.

Teller mit Stern: Nach der in
Schritt 2 gezeigten Technik
vorgehen.

Teller mit
Tropfenmuster

Tellerdekorationen mit Puderzucker und Kakao

Feine Saucenspiegel

Desserts, wie Parfaits, Obstsoufflés, gestürzte Cremes, Eis oder süße Terrinen, sehen gleich nochmal so schön aus, wenn man sie auf einem attraktiven Saucenspiegel anrichtet. Für das richtige Gelingen der Spiegel benötigt man nur einen großen flachen Teller ohne Muster, zwei oder drei farblich und geschmacklich aufeinander abgestimmte Dessertsaucen sowie eine ruhige Hand. Je nach Form des Saucenspiegels wird das Dessert anschließend entweder auf die freie Tellerhälfte oder in die Mitte des Saucenspiegels gesetzt.

VANILLESAUCE

Für 4 Portionen

¼ Vanilleschote

¼ l Milch

1 EL Zucker

1 ½ TL Speisestärke

1 Eigelb

Zubereitungszeit:
ca. 20 Minuten

1. Die Vanilleschote aufschlitzen. Von der Milch 2 Eßlöffel abnehmen und in eine kleine Schüssel geben. Die restliche Milch zusammen mit dem Zucker und der Vanilleschote in einem Topf zum Kochen bringen.
2. Inzwischen die Speisestärke mit der Milch im Schüsselchen und mit dem Eigelb glattrühren. Die Vanilleschote aus der kochenden Milch nehmen und das Mark mit einem Messer in die Milch kratzen.
3. Die angerührte Stärke unter Rühren in die Milch geben und diese aufkochen lassen, bis die Sauce bindet. Dann die Sauce in einer Schüssel kaltrühren.

SCHOKOLADENSAUCE

Für 4 Portionen

¼ Vanilleschote

250 g süße Sahne

1 EL Honig

100 g Zartbitterkuvertüre

Zubereitungszeit:
ca. 20 Minuten

1. Die Vanilleschote aufschlitzen und zusammen mit der Sahne und dem Honig in einem Topf aufkochen lassen. Dann die Vanilleschote herausnehmen und das Mark mit einem Messer in die Sahne kratzen. Den Topf vom Herd nehmen.
2. Die Kuvertüre grob zerkleinern und in einer Schüssel im heißen Wasserbad schmelzen lassen. Die noch heiße Sahne portionsweise darunterrühren und alles rühren, bis eine gleichmäßig braune Sauce entstanden ist. Diese in einer Schüssel kaltrühren.

ERDBEERSAUCE

Für 4 Portionen

250 g reife Erdbeeren

4 EL Zucker

abgeriebene Schale von ½ unbehandelten Orange

2 cl weißer Rum

Zubereitungszeit:
ca. 20 Minuten

1. Die Erdbeeren putzen, waschen und im Mixer oder mit dem Pürierstab pürieren. Dann durch ein Sieb streichen.
2. Den Zucker zusammen mit 60 ml Wasser in einem Topf zum Kochen bringen. Die Orangenschale hinzugeben und alles auf die Hälfte einkochen lassen.
3. Den Rum dazugeben und die Mischung in einer Schüssel erkalten lassen. Sie dann mit dem Erdbeerpüree gut verrühren.

Variation
Für eine Kiwisauce statt Erdbeeren Kiwis nehmen.

Linienmuster

Auf der Innenfläche des Tellers einen Spiegel aus Vanillesauce angießen. Mit einem Spritzbeutel mit feiner Lochtülle im Abstand von etwa 2 cm abwechselnd Linien aus Erdbeer- sowie aus Kiwisauce auf die Vanillesauce ziehen (1).
Mit einem Messer im rechten Winkel zu den Linien aus der Fruchtsauce abwechselnd von rechts und links dünne Linien durch den gesamten Saucenspiegel ziehen (2). In die Tellermitte eine Dessertscheibe (zum Beispiel ein Parfait) oder ein rundes Dessert (zum Beispiel ein Obstsoufflé) setzen.

Herzmuster

Auf der Innenfläche des Tellers einen Spiegel aus Schokoladensauce angießen. Etwa 2 cm vom Rand entfernt mit einem Spritzbeutel einen Ring aus Vanillesaucenpunkten aufspritzen (3).
Mit einem Messer durch die Mitte der Punkte einen Ring ziehen (4). In die Tellermitte ein rundes Dessert (zum Beispiel eine gestürzte Creme) setzen und sie eventuell mit Kräuterblättchen garnieren.

Fächermuster

Aus Erdbeersauce vier Halbkreise im Abstand von 1 cm auf den Teller gießen. In die Zwischenräume drei Halbkreise aus Vanillesauce gießen (5). Mit einem Messer wechselweise vom Tellerrand zur Mitte und von der Mitte zum Tellerrand hin Linien ziehen (6). Auf die freie Tellerhälfte ein rundes Dessert (zum Beispiel ein Parfait) setzen und es mit Sahne, Kräuterblättchen oder Fruchtfilets garnieren.

Feine Saucenspiegel

Tellerdekorationen aus kleinen Garniturteilen

Ein hübsch dekoriertes Essen, gleich auf dem Teller serviert, spricht nicht nur das Auge an, sondern lädt geradezu zum Genießen ein. Einige wichtige Grundregeln sollten Sie jedoch über das Garnieren von Tellern wissen:
Die Hauptkomponente des Gerichtes bildet fast immer den zentralen Punkt auf dem Teller. Um ihn herum arrangiert man dann die dazu passende Dekoration, die sowohl geschmacklich als auch farblich auf das Gericht abgestimmt sein sollte.
Warme Gerichte serviert man in der Regel auf vorgewärmten Tellern. Daher verwendet man für diese Gerichte nie Salatblätter oder andere Garnituren, die durch Wärme schnell unansehnlich werden können.
Salate richtet man in der Regel in der Tellermitte an. Andere Vorspeisen, wie zum Beispiel Terrinen oder Pasteten, können sowohl in der Tellermitte als auch asymmetrisch arrangiert werden. Für Hauptgerichte gelten die gleichen Regeln, wobei Sie natürlich auch einmal eine eigene, etwas extravagantere Lösung vorziehen können. Einzelne Gerichtbestandteile, wie zum Beispiel die Beilagen, sollten immer mit etwas Zwischenraum zueinander angerichtet werden, damit eventuell vorhandene Saucen nicht ineinander laufen können.
Als Grundregel für das Anrichten auf Tellern gilt: „Weniger ist mehr." Denn ist ein Teller überhäuft, verfehlt die Garnitur ihre Wirkung.

Teller unten: Rotzungenröllchen (Rezept Seite 102), garniert mit Zucchinobooten mit Gemüsesalat (Seite 35), belegtem Artischockenboden (Seite 33) und mit einem Ornament mit Eiweißstücken (Seite 81).

Teller oben: Tomatenrose (Seite 24) und Gurke mit Fenchelpfeife (Seite 36). Paßt zu Lachsschinken, gebratenem Roastbeef und zu Kalbsbraten.

Teller Mitte: Birnen-Kiwi-Mühle (Seite 59) und Apfelschmetterling (Seite 57). Paßt zu Wildpasteten und Geflügelterrinen.

Teller unten: Gurkentürmchen mit Currycreme (Seite 37) und Eierblume (Seite 81). Paßt zu Fisch und Krustentieren.

Plattendekorationen

Gefüllte Seezungenroulade auf ovaler Platte: Die Seezungenroulade zur Hälfte aufschneiden und in die Mitte der mit Dillaspik (Seite 86) ausgegossene Platte legen. Mit Lachsrosette, Limettenfilets (Seite 70) und ausgestochenem Gemüse dekorieren. Darum herum Wachteleier im Nest (Seite 83), gefüllte Eier (Seite 82), Kirschtomaten mit Oliven (Seite 27) und Teetassen aus Eiern (Seite 83) setzen.

Wie auch bei belegten Tellern spielt bei kalten Platten die Optik eine wichtige Rolle. Meist besteht eine angerichtete Platte aus einer Hauptkomponente (ein aufgeschnittener Braten oder ein in Scheiben geschnittenes Fischfilet zum Beispiel) und einigen sowohl geschmacklich als auch farblich dazu passenden kleineren Garniturteilen. Die Hauptkomponente sollte möglichst korrekt ausgelegt sein (auf gleich große Abstände achten), dann wirkt schon sie alleine sehr ansprechend. In der Regel arrangiert man sie in der Plattenmitte, die kleineren Garniturteile setzt man darum herum.

Gefüllter Kaninchenrücken auf rechteckiger Platte: Den Kaninchenrücken aufschneiden und in der Mitte einer mit Aspik (Seite 86) ausgegossenen Platte anrichten. Mit ausgestochenem Gemüse und mit einem kannelierten Champignonkopf auf Zucchinostern (Seite 49) garnieren. Die Platte mit gefüllten Morcheln (Seite 49), gefüllten Tomatenkörbchen (Seite 26), gefüllten Tomatenkronen (Seite 26), Gurkenkörbchen mit Ratatouille (Seite 37) und gefüllten Gurkenrispen (Seite 37) garnieren.

Plattendekorationen

136 Teller-, Platten- und Getränkedekorationen

Fertig angerichtete Platten können Sie mit Klarsichtfolie überziehen und bis zum Verzehr in den Kühlschrank oder in einen ungeheizten Raum stellen. Damit die Folie keinen direkten Kontakt mit den Speisen hat, steckt man an einigen verdeckten Stellen kleine Zahnstocher in die Garnituren und legt dann erst die Folie darüber. Verwenden Sie zum Abdecken keine Alufolie, denn sie kann in Verbindung mit säurehaltigen Lebensmitteln oxidieren.

Gefüllte Lachsforelle auf ovaler Platte: Das Mittelstück der Forelle in Scheiben schneiden und diese zusammen mit dem Kopf- und dem Schwanzteil asymmetrisch auf die mit Aspik (Seite 86) ausgegossene Platte legen. Den Fisch mit Kirschtomaten mit Eigelbcreme (Seite 26), ausgestochenem Gemüse und Cocktailshrimps garnieren. Auf die Platte Gurkentürmchen mit Currycreme (Seite 37), Tomatenrosen auf Tarteletts (Seite 26) und eine Tomatenhälfte mit Shrimpssülze (Seite 26) setzen. Die Platte zusätzlich mit Dill garnieren.

Plattendekorationen 137

Gefüllte Putenbrust auf rechteckiger Platte (unten): Die Putenbrust zu zwei Dritteln aufschneiden und diagonal auf eine mit Aspik (Seite 86) ausgegossene Platte legen. Das Endstück mit Tomatenhälften und kannelierten Champignons (Seite 48) garnieren. Neben die Putenbrust Gurken mit Fenchelpfeifen (Seite 36), Apfeltürmchen mit Melonenkugeln (Seite 55), Apfelschwäne auf Birnen (Seite 57), Orangenscheiben mit Babyäpfeln (Seite 57), belegte Ananasstücke (Seite 63) und Apfelflügel (Seite 56) setzen.

Silberplatten sollte man vor dem Belegen mit Aspik ausgießen, denn die Aspikschicht verhindert, daß die sehr empfindliche Platte beim späteren Abnehmen der Speisen verkratzt wird. Wie's gemacht wird, können Sie auf Seite 87 nachlesen.

Kasseler im Kräutermantel auf rechteckiger Platte (rechts): Das Kasseler zu drei Vierteln aufschneiden und in die Mitte der mit Aspik (Seite 86) ausgegossenen Platte legen. Das Endstück mit Blüten von Karotte, Rettich und anderem Gemüse (Seite 42) garnieren. Neben das Kasseler Zucchinoboote mit Gemüsesalat (Seite 35), Avocadoscheiben mit Eigelbcreme (Seite 31), Karottenblüten auf Artischockenböden (Seite 43), Radieschenblumen auf Tarteletts, Kartoffelsavarins (Seite 47) und Gurkenboote mit Roquefortcreme (Seite 37) setzen.

Plattendekorationen 139

Getränkedekorationen

Zucker- oder Salzrand
Er wird für Crustas verwendet. Etwas Salz oder Zucker in ein kleines, flaches Schälchen geben. Eine Zitronenscheibe so tief einschneiden, wie der Zucker- oder Salzrand breit werden soll, und mit dem entstandenen Spalt den Glasrand abfahren (1). Die Scheibe entfernen. Man kann den Glasrand aber auch in Zitronensaft und dann in den Zucker oder in das Salz tauchen, ihn dann leicht abklopfen, um lose Teilchen zu entfernen, und trocknen lassen. Bunte Zuckerränder (3) erhält man, indem man den Glasrand erst in bunten Likör (zum Beispiel Curaçao blue) und dann in Zucker taucht. Man kann den Zucker aber auch mit Likör beträufeln und dann das mit einer Zitronenscheibe abgefahrene Glas hineintauchen (2).

Zitronensechseck
Die Schale einer dünnen Zitronenscheibe mit sechs geraden Schnitten so abschneiden, daß ein Sechseck entsteht (4). Dieses einmal bis zur Mitte hin einschneiden und dann an den Glasrand stecken.

Spießchen
Obststückchen oder -scheiben auf kleine Spießchen stecken und über den Glasrand legen. Größere Spieße in das Glas stellen.

Schalenspirale
Für eine feine Spirale die Schale einer Zitrusfrucht (Orange, Zitrone oder Limette) mit einem Kanneliermesser spiralförmig abziehen (5). Für eine breitere Spirale die Schale mit einem kleinen Messer spiralförmig abschälen. Das eine Ende der Schalenspirale in das Glas hängen, das andere, lange Ende außen am Glas herunterhängen lassen oder es um das Glas herum führen.

Obstscheiben
Um Obstscheiben an den Glasrand stecken zu können, sie einmal bis zur Mitte einschneiden (6).

Auf dem Foto rechts:
1. Cocktailkirsche am Spieß und Zitronensechseck
2. Limettenscheibe, Limettenschalenspirale und Cocktailkirsche
3. Orangenscheibenhälfte, Limettenschalenspirale und Karambolescheibe
4. Ananasscheibenviertel und Spieß mit zwei Cocktailkirschen
5. Limettenscheibe und Minzzweig
6. Orangenscheibenhälfte, Ananasblatt und lange Orangenschalenspirale
7. Ananasscheibenviertel, Cocktailkirsche am Spieß und Minzezweig
8. Melonenspalte und Lilienblüte

140 Teller-, Platten- und Getränkedekorationen

141

PARTY

GARNITUREN FÜR BESONDERE ANLÄSSE

Geburtstag

Zu einer Geburtstagsfeier gehört eine Kaffeetafel, an der sich Verwandte und Freunde gemütlich versammeln, eigentlich immer dazu.

Decken Sie den Tisch dem Ehrentag entsprechend mit einer feinen Decke und ausgewähltem Geschirr. Durch lange Stoffbänder, Kerzen und einen üppigen Blumenstrauß wird er dann ohne großen Aufwand zu einer festlichen Tafel. Wer möchte, kann den Platz des Geburtstagskindes zusätzlich mit einer Blume oder mit einem kleinen Geschenk dekorieren.

Neben Kaffee und verschiedenen Kuchen darf die Geburtstagstorte als Blickfang auf dem Tisch natürlich nicht fehlen. Garnieren Sie sie einfach mit Marzipan, Sahne oder Buttercreme. Wer möchte, kann außerdem noch kleine Kerzen hineinstecken, die das Geburtstagskind später ausblasen muß. Was es sich dabei wünscht, darf natürlich nicht verraten werden. Die auf dem Foto rechts gezeigte **Herztorte** steht nur stellvertretend für die auf den Seiten 118 bis 125 gezeigten Tortengarnituren, aus denen Sie sich Ihre persönliche Lieblingstorte aussuchen können. Eine pfiffige Idee für die Geburtstagstafel sind die kleinen **Petits fours** (Seite 124), auf die mit Kuvertüre einzelne Buchstaben gespritzt wurden (Seite 114). Legt man sie in der richtigen Reihenfolge zusammen, ergeben sie eine Gratulation. Übrigens, diese Petits fours eignen sich auch als Gastgeschenk für ein Geburtstagskind. Es muß sich den Glückwunsch dann, ähnlich wie bei einem Puzzle, selbst zusammensetzen.

Geburtstag 145

Kindergeburtstag

Je näher der „große Tag" rückt, um so mehr wächst die Spannung beim Geburtstagskind. Alle Freunde und Freundinnen sind eingeladen, und die kleine Feier muß natürlich etwas ganz Besonderes werden.
Die Dekoration für den Kindergeburtstag sollte lustig und bunt sein und so richtig zum Spielen und Spaßhaben einladen. Legen Sie eine unempfindliche, farbenfrohe Tischdecke auf, oder nehmen Sie bunte Lackfolie oder farbiges Papier. Auf dem Tisch darf es natürlich ebenso fröhlich zugehen: Schmücken Sie ihn mit Luftschlangen, kleinen Süßigkeiten und winzigen Geschenken für die Geburtstagsgäste.
Ein unbedingtes Muß auf jeder Kindergeburtstagstafel ist die große Geburtstagstorte mit Kerzen. Die witzige **Clownstorte** läßt bestimmt viele Kinderherzen höher schlagen. Und so wird sie gemacht: Eine quadratische Torte oder einen quadratischen Rührkuchen mit Vollmilchkuvertüre überziehen. Auf die Oberseite ein Quadrat und einen schmalen Streifen aus ausgerolltem Marzipan (Seite 108) legen. Das Clownsgesicht, der Gratulationsspruch und die Verzierungen werden dann mit Kuvertüre und Zuckerglasur aufgespritzt (Seite 114). Anschließend den Clown mit Hilfe eines Pinsels mit flüssiger Lebensmittelfarbe oder mit farbigem Zuckerguß bemalen und die Kerzen in die Torte stecken.
Neben der großen Geburtstagstorte sollten natürlich noch andere Kuchen auf der Kaffeetafel stehen, wie zum Beispiel ein Rührkuchen und eine Obsttorte. Eine witzige Idee sind die **gefüllten Berliner**, die nicht nur zur Kaffeezeit gut schmecken, sondern die auch ein pfiffiges Dessert sein können. Man sticht mit einem mittelgroßen, runden Ausstecher bis zur Mitte in den Berliner ein, zieht den Ausstecher wieder heraus und höhlt den Berliner mit einem Löffel aus. In das Loch füllt man dann entweder Mousse au chocolat (selbstgemacht oder gekauft), oder man spritzt mit einem Spritzbeutel mit großer Sterntülle Schlagsahne hinein.
Falls die Geburtstagsfeier bis in die frühen Abendstunden hinein dauern soll, ist ein kleines Abendessen angesagt. Hier kann alles gereicht werden, was Kinder gerne mögen, angefangen von selbstgemachten Hamburgern über Spaghetti mit Tomatensauce bis hin zum kleinen Buffet mit verschiedenen Salaten, Frikadellen und Brötchen. Für alle diejenigen, die den Buffettisch besonders hübsch gestalten möchten, ist der **bunte Brötchenstrauß** genau das richtige. Er wird hergestellt wie der Brötchenstrauß auf der Seite 91, nur bindet man hier statt Blumen und Blättern kleine Spielzeugteile und Bänder, die man zuvor an Drähten befestigt, mit ein. Die Ziehharmonikamanschette bastelt man aus farbigem Lackpapier oder aus Zeichenkarton.

Kindergeburtstag 147

Fasching

Wer möchte nicht einmal ganz anders aussehen als gewohnt, vielleicht wie ein Clown oder wie eine Prinzessin? Zur Faschingszeit können diese geheimen Wünsche wahr werden, und daher geht es in diesen Wochen meist immer hoch her.

Auf einer Karnevalsfeier sollte alles lustig und bunt geschmückt sein. Dies gilt sowohl für den Raum, als auch für den Tisch, auf dem Sie Ihre Speisen servieren möchten. Dekorieren Sie alles mit bunten und witzigen Accessoires, wie zum Beispiel mit Luftschlangen, Girlanden, Konfetti und buntem Papier.

Auch die angebotenen Speisen selbst sollten zu diesem fröhlichen Rahmen passen, denn pfiffig dekoriert tragen sie mit zur ausgelassenen Stimmung bei. Eine normale Käseplatte läßt sich beispielsweise durch eine Schar kleiner **Radieschenmäuse** (Seite 44) ganz einfach ausgefallen garnieren. Setzen Sie dann noch einige **Rettichblüten in der Vase** (Seite 45), dazu, und das Arrangement ist perfekt.

Hübsch sind auch **kleine Karottenkörbchen,** die jede Platte zu etwas Besonderem machen. Für ihre Herstellung benötigen Sie nur etwas Geduld und eine ruhige Hand. Spießen Sie im Abstand von 1 cm kleine Holzzahnstocher in den Rand einer dicken Orangenscheibe. Dann schmale und lange blanchierte Karottenstreifen in Schlangenlinien um die Zahnstocher schlingen, so daß ein feines Korbgeflecht entsteht. Zuletzt kleine ausgestochene und blanchierte Karotten- und Selleriekugeln auf die Zahnstocher stecken – fertig ist der Korb.

Für die Liebhaber des Süßen können Sie **bunte Mohrenkopfgesichter** servieren. Besorgen Sie sich zunächst große, frische Mohrenköpfe, Marzipanrohmasse, runde Waffeln und Kuvertüre. Die Marzipanrohmasse wie auf Seite 106 beschrieben vorbereiten und eine kleine Portion dickflüssiger Zuckerglasur herstellen (Seite 116). Aus dem Marzipan mit den Händen kleine Knochen und runde Scheiben für die Hüte formen. Die Scheiben mit Zuckerglasur auf den runden Waffeln festkleben und mit Kuvertüre einen Ring darum spritzen. Dann mit Zuckerglasur Augen und Mund auf die Mohrenköpfe spritzen und kleine, mit Schokolade überzogene Rosinen in die Augen stecken. Aus rosafarbenem Marzipan kleine Nasen formen und sie mit Zuckerglasur an die Köpfe kleben. Entweder einen Marzipanknochen oder einen Waffelhut mit Zuckerglasur am Mohrenkopf befestigen. Wer möchte, kann zusätzlich zum Knochen noch als Haarschopf Schokoladenstreusel mit Zuckerglasur an die Mohrenköpfe kleben.

Fasching 149

Ostern

Der Frühling naht mit großen Schritten, warme Sonnenstrahlen fallen durch die Fenster, und im Garten blühen die ersten Blumen. Die Natur erwacht aus ihrem Winterschlaf und erfreut uns mit Farben und mit Düften.
Bei der Gestaltung des Ostertisches sollte diese Stimmung aufgegriffen werden. Sehr hübsch wirkt eine Komposition aus einer zartgelben Tischdecke und weißem oder pastellfarbenem Porzellan. Ein üppiger Blumenstrauß, zum Beispiel aus Narzissen, und bunt **gefärbte Ostereier** vervollständigen das Arrangement. Legen Sie die Eier in ein Nest aus frischer Kresse, und dekorieren Sie es vielleicht noch mit kleinen Schleifen.
Auf dem Kaffeetisch kann es auch sonst sehr österlich aussehen. Neben verschiedenen Torten darf auch einmal **ein selbstgebackenes Osterlamm** aus Biskuit- oder Rührteig dabei sein. Die dafür nötige Backform erhalten Sie in jedem gut sortierten Haushaltswarengeschäft.
Zusätzlich zu den Torten machen sich **kleine Osterhasen aus Marzipan** (Seite 110 und 111) sehr hübsch auf dem Tisch oder auch auf den Tellern der Gäste. Falls Sie nur wenig Zeit haben, können Sie die Hasen auch nach einer vereinfachten Technik herstellen: Vorbereitetes Marzipan (Seite 106) etwa 1½ cm dick ausrollen und daraus mit Ausstechern in Hasenform kleine Hasen ausstechen (Seite 108). Mit einem Modellierholz die Konturen für Ohren und Arme hineindrücken und mit kleinen, gefärbten Marzipanstücken Gesichter, Hände und Füße gestalten.
Hübsch sieht ein **Hasenpärchen** aus, das Sie auf ein ausgestochenes, dünnes Marzipantartelett setzen. Dieses mit kleinen Marzipankugeln verzieren. Diese Garnitur eignet sich auch für eine üppige Torte.

Ostern 151

Weihnachten

Die Weihnachtszeit ist meist auch eine besinnliche Zeit. Und gerade wenn es draußen so richtig kalt wird, möchte man sich in der Wohnung eine warme, gemütliche Atmosphäre schaffen.

Tannenzweige, Kerzen und Baumschmuck, zum Beispiel aus Holz oder aus Glas, sind klassische Dekorationsteile für die Vorweihnachtszeit. An den Festtagen darf es dann richtig festlich sein: Decken Sie den Tisch in warmen Tönen, und schmücken Sie ihn mit kleinen, ausgestanzten Foliensternen aus Silber oder Gold. Aber nicht nur der Tisch sollte liebevoll geschmückt sein, auch die Speisen können mit kleinen weihnachtlichen Garnituren versehen werden. Pikant belegte Platten lassen sich mit **Tannenspießchen** (Seite 85) weihnachtlich dekorieren. Bekleben Sie den langen Spieß zusätzlich oben mit einem ausgeschnittenen Folienstern, der im Licht schön funkelt.

Die Kaffeetafel, auf der sich neben Christstollen und Weihnachtsplätzchen auch eine etwas üppigere Torte befinden darf, läßt sich mit **Marzipanengeln** (Seite 110) rasch weihnachtlich gestalten. Als besonderen Blickfang kann man dann noch ein **Lebkuchenhaus** mit auf den Tisch stellen. Da dessen Herstellung recht viel Zeit in Anspruch nimmt, empfiehlt es sich, es bei einem guten Bäcker oder Konditor zu kaufen. Sie sollten es aber besser vorbestellen, denn die Nachfrage danach ist meist sehr groß. Übrigens, das Lebkuchenhaus kann auch als weihnachtliche Zimmerdekoration dienen.

Weihnachten 153

Silvester

Wie man den Jahreswechsel begeht, sei jedem selbst überlassen – ob mit einem rauschenden Fest mit vielen Freunden und Bekannten, mit einem gemütlichen Fondue- oder Racletteessen im kleinen Familienkreis oder mit einem besinnlichen Dinner zu zweit. Wie auch immer man feiert – wichtig ist vor allem die gute Stimmung.
Dekorieren Sie den Tisch oder das Buffet mit zum Anlaß der Feier passenden Accessoires, mit ausgestanzten Silbersternchen und witzigen Knallbonbons schaffen Sie ohne großen Aufwand eine festlich-fröhliche Stimmung im Raum.
Möchte man das neue Jahr gebührend begrüßen, darf das obligatorische Glas Sekt zum mitternächtlichen Anstoßen natürlich nicht fehlen. Zuvor können Sie selbstgemixte **Cocktails** reichen, die sich in der heutigen Zeit immer größerer Beliebtheit erfreuen. Hier gilt die Devise: je bunter und schöner, desto besser. Auf den Seiten 140 und 141 finden Sie verschiedene Anregungen für Getränkedekorationen, die Sie natürlich durch eigene Ideen noch vielfältig verändern können.
Silvester ist auch ein Tag, an dem man gute Vorsätze faßt und seinen Mitmenschen viel Glück für das kommende Jahr wünscht. Warum sollte man diese Wünsche nicht einmal in Form kleiner Geschenke zum Ausdruck bringen? Glückssymbole aus Marzipan, wie zum Beispiel **Hufeisen, Glücksschweinchen oder Würfel** in verschiedenen Größen, lassen sich hübsch in Geschenkfolie verpacken, aber auch auf dem Tisch arrangieren, so daß sich dann jeder sein „persönliches Glückssymbol" mit nach Hause nehmen kann. Wie die Marzipanteile hergestellt werden, können Sie auf den Seiten 108 bis 111 nachlesen.

Silvester

Register nach Lebensmitteln und Garniturarten

Ananas

Ananas 60, 62-64
Ananas aushöhlen 62
Ananasblume 63
Ananas halbieren 62
Ananasinsel 62, 64
Ananasschale mit exotischem Obstsalat 64
Ananas schälen 62
Ananasscheibe, gebackene, mit Früchten 63
Ananasscheiben 62
Ananasscheiben, bunte 63
Ananasscheiben, gebackene 62
Ananasschmetterling 63
Ornament aus Ananasstücken 63

Apfel

Apfel 52, 54-57
Apfelflügel 56
Äpfel pochieren 54
Apfel schälen 54
Apfelscheibe, gebackene, mit Backpflaume 55
Apfelscheibe, gebackene, mit Litschi 55
Apfelscheiben 54
Apfelscheiben, gebackene 54
Apfelschiffchen 56
Apfelschiffchen, buntes 57
Apfelschmetterling 57
Apfelschwan 56
Apfelschwan auf Birne 57
Apfelschwan mit See 57
Apfelspalten 54
Apfeltürmchen 54
Apfeltürmchen mit Amarettocreme 55
Apfeltürmchen mit Amarettocreme und Traube 55
Apfeltürmchen mit Melonenkugel 55
Orangenscheibe mit Babyapfel 57
Tartelett mit Babyapfel 57

Artischocke

Artischocke 22, 32-33
Artischocke kochen 32
Artischockenboden 32
Artischockenboden, asymmetrischer 32
Artischockenboden, belegter 32
Artischockenböden mit Schinkenmus 32, 33
Artischockenschüssel 32
Artischockenschüsseln mit Mozzarellafüllung 33
Artischocke vorbereiten 32

Aspik

Aspik 76, 86-87
Aspik ausstechen 87
Aspik für Obst 86
Aspik schneiden 87
Aspikwürfel 87
Aspikwürfel im Nest 87
Dill-Kerbel-Aspik für Fischplatten 86
Garnituren mit Aspik überziehen 87
Platte mit Aspik ausgießen 87
Portweinaspik für Fleischplatten 86

Aubergine

Aubergine 22, 30
Auberginenigel, pfiffiger 30

Avocado

Avocado 22, 31
Avocadofächer 31
Avocado halbieren 31
Avocadoornament 31
Avocadoscheiben mit Eigelbcreme 31
Avocadoscheiben mit Räucherlachscreme 31
Avocadostein entfernen 31

Banane

Banane 60, 65
Bananenscheiben, bunte 65

Birne

Birne 52, 58-59
Birnenfächer 58
Birnenfächer mit Minze 59
Birnenhälfte 58
Birnenhälften mit Käsecreme 59
Birnenigel 59
Birnen-Kiwi-Mühle 59
Birnenlampion 59
Birnentürmchen mit Babyapfel 59
Birne pochieren 58
Birne schälen 58
Ornament aus Birnenspalten 59

Butter

Brezelblume 79
Butter 76, 78-79
Butter ausstechen 78
Butterbaum, gelegter 79
Butterkugeln 78
Butterlockenbaum 78
Butterröllchen 78
Butterröllchen in der Muschel 79
Butterrose 78
Modelformen 78
Ornament aus Modelformen 79

Canapés

Canapés mit Lachstatar 99
Canapés mit Meeresfrüchten 98
Canapés mit Schinken und Ei 99
Spargelcanapés 98

Cocktailhappen

Blätterteigkissen mit Forellenkaviarschaum 100
Matjestatar auf Kartoffelscheiben 101
Radieschen, gefüllte 100

Ei

Eier 76, 80-83
Eier, gefüllte 82
Eier, musikalische 81
Eierblume 81
Eierfächer 81
Eihälfte mit Avocado-Curry-Füllung 83
Eihälfte mit Karotten-Nuß-Füllung 83
Eihälfte mit Kräuter-Frischkäse-Füllung 83
Eihälfte mit Senf-Mayonnaise-Füllung 83
Eihälften zum Füllen 80
Eischeibe, belegte 81
Eischeiben 80
Eischeiben mit Paprika 81
Eisechstel 80
Eisechstel, garnierte 81
Eiweiß, ausgestochenes 80
Ornament mit Eiweißstücken 81
Teetasse aus Ei 83
Wachteleier im Nest 83

Garnituren für besondere Anlässe

Fasching 148-149
Geburtstag 144-145
Kindergeburtstag 146-147
Ostern 150-151
Silvester 154-155
Weihnachten 152-153

Gebäck

Brandteig 93
Brezel aus Brandteig 94
Brot, gemustertes 92
Brötchenstrauß 91
Doppeltupfen aus Brandteig 94
Doppeltupfen mit Sardellencreme 95
Dreispitz aus Brandteig 94
Eclair 94
Eclair mit Käse-Paprika-Creme 95
Formen aus Brandteig spritzen 94
Gewürzbrot im Blumentopf 90
Grundrezept Brandteig 93
Kringel aus Brandteig 94
Kringel mit Käse-Paprika-Creme 95
Sternenkranz aus Brandteig 94
Sternenkranz mit Schlagsahne 95
Windbeutel 94
Windbeutel mit Sardellencreme 95

Getränkedekorationen

Getränkedekorationen, diverse 140-141
Obstscheiben 140
Salzrand 140
Schalenspirale 140
Spießchen 140
Zitronensechseck 140
Zuckerrand 140

Gurke

Gewürzgurkenfächer 38
Gewürzgurkenfächer mit Paprika 39
Gurke 22, 36-39
Gurke kannelieren 38
Gurke mit Fenchelpfeife 36
Gurkenblume 36
Gurkenboot 36
Gurkenboote mit Roquefortcreme 37
Gurkenecken 38
Gurkenfächer 38
Gurkenfisch 39
Gurkenhase 39
Gurkenkette 39
Gurkenkörbchen 36
Gurkenkörbchen mit Ratatouille 37
Gurkenkrone 36
Gurkenkrone mit Rose 37
Gurkenkugeln 38
Gurkenring 38

Gurkenrispe 36
Gurkenrispe, gefüllte 37
Gurkenscheiben 38
Gurkentraube 39
Gurkentürmchen 36
Gurkentürmchen mit Currycreme 37
Ornament aus Gurken- und Karottenscheiben 39

Karambole

Karambole 60, 66-67
Karamboleboden 66
Karambolekerze 67
Karamboleschaibe mit Kiwikrone 67
Karamboleschaiben 66
Karambolestern 67
Ornament aus Karamboleschaiben 67

Karotte

Karotte 40, 42-43
Karotte ausstechen 42
Karotte kannelieren 42
Karottenblüte 42
Karottenblüte auf Artischockenboden 43
Karottenkrawatte 42
Karottenkugeln 42
Karottenscheiben 42
Karottenschleifchen 42
Karottenschleifchen auf Gurke 43
Karottenschleife 42
Karotten- und Zucchinoknoten 43
Motiv mit Karottenkugeln 43
Ornament aus ausgestochenen Karottenscheiben 43

Kartoffel

Aquarium, kleines 47
Brezelornament 47
Kartoffel 40, 46-47
Kartoffel, gefangene 46

Kartoffel, gefangene, im Nest 47
Kartoffelbrezel 46
Kartoffelpilze 46
Kartoffelpilze im Nest 47
Kartoffelsavarin 47
Kartoffelscheiben 46
Phantasieornament 47

Käse

Käse 76, 84-85
Käse, ausgestochener 84
Käseigel 85
Käsescheiben 84
Käseschiffchen 85
Käsespieß, bunter 85
Käsewindmühle 85
Rautenspießchen 85
Tannenspieß 85
Tête-de-Moine-Blüten 84
Tête-de Moine-Blüten mit Girolle 85

Kiwi

Kiwi 60, 66-67
Kiwiblüte 67
Kiwikrone 66
Kiwi schälen 66
Kiwischeiben 66
Ornament aus Kiwischeiben 67

Kürbis

Erdbeer-Orangen-Salat, pikanter, im Kürbis 34
Kürbis 22, 34
Kürbiskrone 34
Kürbisschweinerl 34

Kuvertüre

Kuvertüre 106, 112-115
Kuvertüre ausstechen 112
Kuvertüre ausstreichen 112
Kuvertüreblätter 112
Kuvertürefächer 112
Kuvertüreröllchen 112
Kuvertüre schneiden 112
Kuvertüretarteletts 112
Ornamente, filigrane, spritzen 114
Ornamente aus ausgestochener Kuvertüre 113
Schokoladenschächtelchen 113
Spritztüte für flüssige Kuvertüre herstellen 114

Marzipan

Blumenstrauß mit Vase 109
Blumenwiese aus Marzipan 109
Buchstaben 108

Register nach Lebensmitteln und Garnituren 157

Hufeisen 108
Marzipan 106, 108-111
Marzipanapfel 110
Marzipan ausrollen 108
Marzipan ausschneiden 108
Marzipan ausstechen 108
Marzipanbirne 110
Marzipanengel 110
Marzipanhäschen 110
Marzipanhase 111
Marzipanpilz 110
Marzipanpilz im Nest 111
Marzipanschweinchen 110
Marzipantütchen 108
Modellieren mit Marzipan 110
Ornament aus Marzipantütchen 109
Ornamente aus ausgestochenem
  Marzipan 109
Würfel 108
Zahlen 108

Medaillons

Gänselebermedaillons Isabell 103
Kalbsmedaillons mit Brokkolipüree 103
Putenbrustmedaillons mit Lebercreme und
  Nüssen 102
Rotzungenröllchen auf Gurkenscheiben 102

Melone

„Cassata" von Melone 69
Melone 60, 68-69
Melone entkernen 68
Melone halbieren 68
Melonenkorb 68
Melonenkorb, gefüllter 69
Melonenkrone 68
Melonenkugeln 68
Melonenspalten 68
Melonenstar 69
Melonentraube 69

Orange

Orange 60, 70-73
Orangenblume 73
Orangenfilets 70

Orangenfilets mit Kirsche 73
Orangenkörbchen 70
Orangenkörbchen, gefülltes 71
Orangenkörbchen mit Waldorfsalat 72
Orangenscheibe mit Backpflaume 71
Orangenscheibe mit Blattgold 71
Spalten mit Schale 70
Zitrusfrüchte in Scheiben schneiden 70
Zitrusfrüchte kannelieren 70

Paprika

Paprika 22, 28-29
Paprika ausstechen 28
Paprikabecher 28
Paprikakronen mit Reissalat 29
Paprika putzen 28
Paprikaringe gefüllte 29
Paprikaschale 28
Paprikaschale, gefüllte 29

Pilze

Champignon auf Gurkenscheibe 49
Champignonkopf, gefüllter kannelierter 48
Champignonkopf, geschnitzter 48
Champignonkopf, kannelierter 48
Champignonkopf, kannelierter,
  auf Zucchinostern 49
Champignonkopf zum Füllen 48
Champignonscheibe mit Schmetterling 49
Champignonscheiben 48
Morcheln, gefüllte 49
Ornament aus Champignonscheiben 49
Pilze 40, 48-49

Plattendekorationen 134-139

Radieschen

Mäuschen im Käse 45
Radieschen 40, 44-45
Radieschenkrone 44
Radieschenkrone auf Zucchino 45
Radieschenmargerite 44
Radieschenmaus 44
Radieschen mit Stern 44
Radieschenrose 44
Radieschenrose auf Tartelett 45
Radieschenseerose 44

Rettich

Rettich 40, 44-45
Rettichblume 45
Rettichblüte 44
Rettichblüte in der Vase 45
Rettichchrysantheme 44
Rettichspirale 44

Tellerdekorationen

Blütenmuster 129
Fächermuster aus Saucen 131
Herzmuster aus Saucen 131
Linienmuster aus Saucen 131
Saucenspiegel, feine 130-131
Schablonen zum Bestäuben herstellen 128
Streifenmuster 128
Tellerdekorationen aus kleinen
  Garniturteilen 132-133
Tellerdekorationen mit Kakao 128-129
Tellerdekorationen mit Puderzucker 128-129
Teller mit Sektglas und Sternen 129
Teller mit Stern 129
Teller mit Tropfenmuster 129

Tomate

Kirschtomate, gelbe, mit Olive 27
Kirschtomate aushöhlen 24
Kirschtomate mit Eigelbcreme 26
Ornament aus Tomatenscheiben 27
Tomate 22, 24-27
Tomate, gefüllte 27
Tomate aushöhlen 24
Tomate enthäuten 24
Tomatenblume 27
Tomatenhälften mit Avocadocreme 25
Tomatenhälften mit Shrimpssülze 25, 26
Tomatenkörbchen 24
Tomatenkörbchen, gefülltes 26
Tomatenkrone 24
Tomatenkrone, gefüllte 26
Tomaten mit Eigelbcreme 25
Tomatenrose 24
Tomatenrose auf Blättchen 26
Tomatenrose auf Tartelett 26

Tomatenscheiben 24
Tomatenschmetterling 27
Tomatensechstel 24
Tomatensechstelblüte 27

Tortendekorationen

Buttercreme 116, 120-123
Buttercremeornamente spritzen 120
Buttercremepunkte 120
Buttercremerosetten 120
Buttercremesterne 120
Buttercremetorten 122-123
Buttercremewellen 120
Fächermuster 118
Gittermuster 118
Herztorte 125
Herztorte mit Liebesapfelmotiv 118
Kakaopulver 116, 118-119
Marzipanmantel für runde Torten 124
Petits fours, runde 124
Petits-fours-Rauten 124
Puderzucker 116, 118-119
Schablonen zum Bestäuben herstellen 118

Streifenmuster 118
Streifenmuster aus Zuckerglasur 124
Torte, quadratische, mit Gittermuster 118
Torte, runde, mit Glasurfächer 125
Torte, runde, mit Streifenmuster 125
Torte mit Sternmuster 119
Zuckerglasur 116, 124-125

Zitrone und Limette

Filets 70
Lachsblume 73
Limettenspalte mit Rauten 73
Spalten mit Schale 70
Zitronenkörbchen 70
Zitronenkörbchen mit Preiselbeer-Sahne-Meerrettich 71
Zitronenrotor 70
Zitronensegelschiff 73
Zitronenspirale, pfiffige 71
Zitrone und Limette 60, 70-73
Zitrusfrüchte in Scheiben schneiden 70
Zitrusfrüchte kannelieren 70

Zucchini

Zucchini 22, 35
Zucchinoblüte 35
Zucchinoboot 35
Zucchinoboote mit Gemüsesalat 35
Zucchinorosette 35

Rezeptverzeichnis

Amarettocreme 55
Ananasschale mit exotischem Obstsalat 64
Apfeltürmchen mit Amarettocreme 55
Artischockenböden mit Schinkenmus 33
Artischockenschüsseln mit Mozzarellafüllung 33
Aspik für Obst 86
Auberginenigel 30
Avocadocreme 25
Avocado-Curry-Füllung 82
Avocadoscheiben mit Räucherlachscreme 31

Bananenscheiben, bunte 65
Birnenhälften mit Käsecreme 59
Blätterteigkissen mit Forellenkaviarschaum 100
Brandteig 93
Buttercreme, französische 116

Canapés mit Lachstatar 99
Canapés mit Meeresfrüchten 98
Canapés mit Schinken und Ei 99

Dill-Kerbel-Aspik für Fischplatten 86

Eier, gefüllte 82
Eigelbcreme 25
Erdbeergelee 65
Erdbeer-Orangen-Salat, pikanter 34
Erdbeer-Orangen-Salat, pikanter, im Kürbis 34
Erdbeersauce 130

Gänselebermedaillons Isabell 103
Gemüsesalat 35
Gewürzbrot 90
Gewürzbrot im Blumentopf 90
Gurkenboote mit Roquefortcreme 37

Kalbsmedaillons mit Brokkolipüree 103
Karotten-Nuß-Füllung 82
Käsecreme 59
Käse-Paprika-Creme 93
Kräuter-Frischkäse-Füllung 82

Mascarponecreme 65
Matjestatar auf Kartoffelscheiben 101
Morcheln, gefüllte 49
Mozzarellafüllung 33

Obstsalat, exotischer 64
Orangenkörbchen mit Waldorfsalat 72

Paprikakronen mit Reissalat 29
Pfefferminzgelee 65
Portweinaspik für Fleischplatten 86
Putenbrustmedaillons mit Lebercreme und Nüssen 102

Radieschen, gefüllte 100
Räucherlachscreme 31
Reissalat 29
Roquefortcreme 37
Rotzungenröllchen auf Gurkenscheiben 102

Sardellencreme 93
Schinkenmus 33
Schokoladensauce 130
Senf-Mayonnaise-Füllung 82
Shrimpssülze 25
Spargelcanapés 98

Tomatenhälften mit Avocadocreme 25
Tomatenhälften mit Shrimpssülze 25
Tomaten mit Eigelbcreme 25

Vanillesauce 130

Waldorfsalat 72

Zucchinoboote mit Gemüsesalat 35
Zuckerglasur 116

Im FALKEN Verlag sind in gleicher Ausstattung erschienen:
Kalte Platten & Buffets (4427)
Chinesisch kochen (4441)
Kochen mit den Meistern (4445)
Festmenüs (4525)
Fisch & Meeresfrüchte (4511)

Der Verlag dankt folgenden Firmen für die freundliche Unterstützung:
Kronen GmbH, Nahrungsmitteltechnik, Willstätt, Spring GmbH, Konstanz, J.A. Henckels Zwillingswerk AG, Solingen

Die Deutsche Bibliothek – CIP-Einheitsaufnahme

Mit Lust und Liebe Garnieren und Verzieren / Marianne Müller ; Erik Pratsch ; Hubert Krieg. – (Nachaufl.). – Niedernhausen/Ts. : FALKEN, 1994
 ISBN 3-8068-4496-8
NE: Müller, Marianne; Pratsch, Erik; Krieg, Hubert; Garnieren und Verzieren

ISBN 3 8068 4496 8

© 1992/1994 by Falken-Verlag GmbH, 65527 Niedernhausen/Ts.
Die Verwertung der Texte und Bilder, auch auszugsweise, ist ohne Zustimmung des Verlags urheberrechtswidrig und strafbar. Dies gilt auch für Vervielfältigungen, Übersetzungen, Mikroverfilmung und für die Verarbeitung mit elektronischen Systemen.
Titelbild: T. + E. Creative Fotografie + Styling, Frankfurt (auf dem Foto, Ananaspalme auf Obstplatte, Beschreibung Seite 62)
Fotos: T. + E. Creative Fotografie + Styling, Frankfurt; Fotos Seite 146: Carla Damler, Taunusstein, Foto Seite 6 oben: Grauel + Uphoff, Hannover; Fotos Seite 4, 148 und 156: Photographie Brigitte Harms, Hamburg, Fotos Seite 5 oben rechts, 6 unten, 8, 9 links Mitte, 9 rechts oben, 9 rechts unten, 144, 157, 158 unten und 159 oben: TLC-Foto-Studio GmbH, Velen-Ramsdorf; Foto Seite 150: Wolfgang Vollmer, Köln; Foto Seite 159 unten: Michael Wissing BFF, Waldkirch
Bildkonzept und Realisation: A. F. Endress
Zeichnung: Christine Fellner, Wiesbaden
Satz: Grunewald Satz & Repro GmbH, Kassel
Druck: Karl Neef GmbH & Co., Wittingen

817 2635 4453 62